U0129233

航運策略與法律論叢

彭 銘 淵 著

文 史 哲 學 集 成

文史哲出版社印行

國家圖書館出版品預行編目資料

航運策略與法律論叢 / 彭銘淵著. -- 初版 --
臺北市：文史哲出版社, 民 113.06
　　面；　公分. --（文史哲學集成；755）
ISBN 978-986-314-676-6（平裝）

1.CST：航運　2.CST：航運管理
3.CST：海商法

557.43　　　　　　　　　　　113009134

文史哲學集成　755

航運策略與法律論叢

著　　者：彭　　　銘　　　淵
出　版　者：文　史　哲　出　版　社
http://www.lapen.com.tw
e-mail：lapentw@gmail.com
登記證字號：行政院新聞局版臺業字五三三七號
發　行　人：彭　　　正　　　雄
發　行　所：文　史　哲　出　版　社
印　刷　者：文　史　哲　出　版　社
臺北市羅斯福路一段七十二巷四號
郵政劃撥帳號：一六一八○一七五
電話886-2-23511028・傳真886-2-23965656

定價新臺幣四○○元

二○二四年（民一一三年）六月初版

推薦序

　　在當前全球化加速發展的背景下，航運業作為連接世界經濟的重要橋梁，其重要性不言而喻。作者彭銘淵先生的「航運策略與法律論叢」正是在這一背景下應運而生，為業界提供了寶貴的理論指導和實務建議。

　　我深信，這本書的出版對於航運業界的從業者、法律專業人士以及學術研究者來說，都是一部不可多得的佳作。作者在書中全面而深入地分析了航運業的區塊鏈未來發展趨勢、自由貿易港之策略選擇以及海上運送人責任法律框架，特別是對運送人責任國際公約和臺灣海商法法律之間的相互影響進行了詳盡的探討。

　　書中的內容涵蓋了航運業的方方面面，從市場動態到經營模式，從創新技術的區塊鏈應用到運送人責任法律法規的解讀，無不展現出作者深厚的專業素養和豐富的實務經驗。他用嚴謹的學術態度和生動的實例分析，為讀者提供了一個全面而深入的理解航運業策略與法律的平台。

　　特別值得一提的是，作者在書中強調了法律與實務的結合，通過具體案例的分析，展示了法律在航運業中的實際應用和重要性。這對於法律從業者和航運業者來說，無疑具有

重要的參考價值。

　　我誠摯地推薦這本「航運策略與法律論叢」給所有對航運業和海商法感興趣的讀者。相信這本書將成為大家工作和學習中的重要參考書，幫助大家在複雜多變的國際環境中制定更有效的策略，遵循更合適的法律規範。

　　誠摯祝賀彭銘淵先生的這部著作順利面世，也期待未來有更多優秀的作品問世，為航運業的發展貢獻更多的智慧和力量。

趙建民 2024 年 6 月

自 序

我一直深信，航運業是連接全球經濟體的重要橋樑。作為一名專注於海事法與航運策略研究的人士，我希望能透過本書，為業界提供一些有價值的洞見與建議。

本書的創作源自我多年的教學與研究經歷，特別是我在臺北海洋科技大學與多個國際會議中所累積的經驗。我發現，隨著全球化的進一步深化，航運業面臨的挑戰與日俱增，不僅僅是來自市場的競爭，更多的是來自法律與政策的變化。因此，我決定將這些年的研究成果和實務經驗整理成書，希望能為讀者提供一個全面且深入的航運業策略與法律分析。

在編寫本書的過程中，我特別強調了理論與實務的結合。理論部分涵蓋了航運業的基本概念和最新的研究成果，而實務部分則通過文件分析，展示了這些理論在實際操作中的應用。我希望這樣的結構能夠幫助讀者更好地理解和應用所學知識。

特別感謝我的家人和朋友在我撰寫此書過程中給予的支持和鼓勵，感謝所有參與本書編寫或審稿的專家學者，他們的寶貴意見使本書更加完善。

　　希望本書能夠為航運業界人士、法律專業人士以及學術研究者的一本重要參考書，幫助大家在面對複雜多變的國際環境時，能夠制定更加有效的策略，遵循更合適的法律規範。

彭銘淵於臺北海洋科技大學

2024.05.28

航運策略與法律論叢

目　次

區塊鏈技術在海運物流應用之初探

論上海自由貿易試驗區與臺灣自由貿易港區之規劃與合作

國際海上貨物運送公約體系中
運送人責任之研究

區塊鏈技術在海運物流應用之初探

摘　要

　　在海運物流行業中，海運公司、港口當局、貨物代理、物流服務提供者和政府機關（如海關）、金融業者都可以使用區塊鏈技術。它們可以分享有關貿易交易的資訊，開展融資業務，透過瞭解各種海運事件來協調物流業務，並管理信用單證、提單、載貨清單、清關文件等，在整個海運產業生態系統內將資訊以有選擇性的分享給需要瞭解它的人，而海運行業是如何開始使用區塊鏈技術來改進以往做法和工作流程的數位化，實有必要進行探究。

關鍵詞：區塊鏈、海運、海運物流

壹、緒 論

　　區塊鏈技術是近年來備受關注的科技創新，源自於高度嚴謹的加密技術。這項技術利用複雜的公鑰和私鑰設置，使得系統能夠自動將透過區塊鏈網路進行的金融交易資料分發到所有參與者手中。每位參與者只能修改與其財產相關的部分，確保了交易的安全性和透明度[1]。

　　換句話說，透過區塊鏈技術的數位交易紀錄系統，消費者和企業不再需要依賴財力雄厚或具權威的金融中介機構即可進行交易[2]。區塊鏈提供了一種更快速、安全且廉價成本的方式來進行財產交易、稽核與監管。例如，原本需要 2 到 3 天才能完成的支付結算工作，現在可以在當日內完成。

　　區塊鏈技術最早應用於市場的是比特幣服務，隨後，金融服務、資訊科技、物聯網、製造和零售等多個產業紛紛投入，形成了一股不採用區塊鏈技術便難以取得成功的關鍵技術熱潮[3]。在這股熱潮中，海運物流產業也自然被捲入其中。

---

1 蔡曉晴、鄧堯、張亮等，〈區塊鏈原理及其核心技術〉，《計算機學報》，2021 年 1 月，第 44 卷第 1 期，P85-86。
2 周湘錡，《以紮根理論探討台灣金融業區塊鏈發展之研究》(臺北：臺灣大學碩士論文，2018 年)，P16-17。
3 朱建民、付永貴，〈區塊鏈應用研究進展〉，《科技導報》，2017 年第 13 期，P71-72。

　　在海運物流行業中，區塊鏈技術已被廣泛應用於海運公司、港口管理單位、貨運代理、物流服務提供者和政府機關（如海關）。這些實體可以透過區塊鏈技術分享貿易交易資訊，開展融資業務，協調物流活動，並管理信用狀、提單、載貨清單、清關文件等。區塊鏈技術讓相關資訊能夠在海運產業生態系統內有選擇性地共享，確保相關方能夠獲取必要的資訊[4]。海運行業如何開始使用區塊鏈技術來改進傳統做法和數位化工作流程，這是一個值得深入探討的領域。

---

4 李素蕙，《國際貨櫃航運業經營管理之研究：以 A 公司為例的個案研究》(臺北：臺灣大學碩士論文，2018 年)，P10-11。

貳、區塊鏈之定義

　　就現有文獻對區塊鏈的多種解釋來看，目前尚未形成統一，公認的區塊鏈定義。主要的定義集中在以下幾個視角：

　　一、從資料視角看，一些學者認為區塊鏈是一種數據結構。例如，鄒均等人指出，區塊鏈是由區塊組成的鏈。區塊是一種結構化的數據單元，透過按時間順序連接這些數據區塊，形成鏈式數據結構[1]。另一些學者則認為區塊鏈是一種資料庫。例如，美國學者 Melanie Swan 在其著作《區塊鏈：新經濟藍圖及導讀》中指出區塊鏈技術是一種公開透明的、去中心化的資料庫。學者梅海濤等認為，區塊鏈本質上是一種去掉了刪除和更新操作的分散式資料庫[2]。

　　董慧等認為，區塊鏈的本質就是兼具去中心化、安全、可信等特點，分散式記錄著全部交易資訊的資料庫[3]。秦誼認為，區塊鏈可以被理解為一個基於電腦程式的公開的總帳資

1　鄒均、張海寧，《區塊鏈技術指南》(北京：機械工業出版社，2016)，P26。
2　梅海濤、劉潔，〈區塊鏈的產業現狀、存在問題和政策建議〉，《電信科學》，2016 年 11 月，P134-138。
3　董慧、張成岩、嚴斌峰，〈區塊鏈技術應用研究與展望〉，《互聯網天地》，2016 年 11 月，P14-19。

料庫[4]。孫國茂也認為區塊鏈技術的本質是一種分散式的可靠資料庫[5]。而林小馳等人在其研究綜述中全面指出,區塊鏈是一種將區塊以鏈連結方式組合在一起的數據結構,具有去中心化、按時間順序記錄數據、集體維護、可編排程式和安全可信等特點。此外,他們還指出,區塊鏈是一種幾乎不可能被篡改的分散式數據庫,也稱為分散式共享帳本。他們認為,區塊鏈是一種去中心化和去信任的集體維護數據庫技術[6]。因此,從資料的角度來看,區塊鏈是一種資料結構或分散式資料庫,更是一種資料技術。

二、從記帳視角看,區塊鏈是一種分散式記帳技術或帳本系統。例如張銳認為,作為比特幣[7]底層技術的區塊鏈,實

---

4 秦誼,〈區塊鏈衝擊全球金融業〉,《當代金融家》,2016 年 2 月,P43-46。

5 孫國茂,〈區塊鏈技術的本質特徵及在證券業的應用〉,《上海證券報》,2017 年 8 月,P1。

6 林小馳、胡葉倩雯,〈關於區塊鏈技術的研究綜述〉,《金融市場研究》,2016 年 2 月,P97-109。

7 比特幣 Bitcoin,縮寫:BTC 或 XBT,是一種基於去中心化,採用點對點網路與共識主動性,開放原始碼,以區塊鏈作為底層技術的加密貨幣,比特幣由中本聰(Satoshi Nakamoto)於 2008 年 10 月 31 日發表論文,2009 年 1 月 3 日,創世區段誕生。在某些國家則將比特幣視為虛擬商品,並非貨幣。任何人皆可參與比特幣活動,可以透過稱為挖礦的電腦運算來發行。比特幣協定數量上限為 2100 萬個,以避免通貨膨脹問題。使用比特幣是透過私鑰作為數位簽章,允許個人直接支付給他人,不需經過如銀行、清算中心、證券商等協力廠商機構,從而避免了高手續費、繁瑣流程以及受監管性的問題,任何用戶只要擁有可連線網際網路的數位裝置皆可使用。通常,首字母大寫的「Bitcoin」是指其所使用的比特幣技術與網路,而首字母小寫的「bitcoin」才是指貨幣本身。比特幣也是區塊鏈支付系統和虛擬計價工具,由於其採用密碼技術來控制貨幣的生產和轉移,而沒有中央的發行機構,無法任

際上是一種分散式記帳技術。具體而言,區塊鏈就像一本帳本,而每一個區塊相當於帳本中的一頁,每個區塊上的節點則相當於記帳的人[8]。何蒲等也將區塊鏈比作由一個個不可修改的區塊組成的,從首頁依次「連結」至下一頁的電子帳簿,每個區塊都記錄著發生在相應時段的全部交易資料[9]。同時,尹冠喬指出區塊鏈本質上是一種基於非對稱加密演算法的分散式帳本技術[10]。張健認為區塊鏈的本質是一種去中心化的記帳系統,是一個由信用記錄以及信用記錄的清算構成的體系[11]。

　　三、從協定視角看,區塊鏈本質是一種類似於 HTTP 協定的互聯網協定。在美國著名雜誌《The Economist》上發表的文章《The promise of the block chain: The trust machine》中,作者認為區塊鏈是一種能在無需第三方監督的情況下建立彼此信任的技術手段,因此可以作為第二代互聯網──「價值互聯網」的基礎協議,其重要性可以與當前的 HTTP 協議相媲美。而林小馳等人指出,區塊鏈技術其實是一種出現在互

意增發,交易在全球網路中執行,有特殊的隱秘性,加上不必經過協力廠商金融機構,因此得到越來越廣泛的應用。《維基百科,自由的百科全書》,https://zh.wikipedia.org/zh-tw/%E6%AF%94%E7%89%B9%E5%B8%81>。

8　張銳,〈基於區塊鏈的傳統金融變革與創新(下)〉,《求知》,2016年 10 月,P18-23。

9　何蒲、于戈、張岩峰,〈區塊鏈技術與應用前瞻綜述〉,《電腦科學》,2017 年 4 月,P1-7。

10　尹冠喬,〈區塊鏈技術發展現狀及其潛在問題文獻綜述〉,《時代金融》,2017 年 6 月,P299-301。

11　張健,《區塊鏈》(北京:機械工業出版社,2017),P32。

聯網上的新技術，類似於互聯網中的應用協議。從本質上來看，區塊鏈技術可以被視為一種互聯網協議，其運作方式與其他網路協議有相似之處。此外，陳龍強也指出區塊鏈技術的本質是能夠實現價值傳遞的新的互聯網協議[12]。

　　四、從經濟學視角看，區塊鏈是一個滿足共用經濟的價值互聯網[13]。於博認為，隨著區塊鏈技術的日益成熟，互聯網將從傳統的資訊互聯網轉變為價值互聯網，而共享經濟正是基於這種價值的新經濟模式[14]。

　　邵奇峰等人指出，區塊鏈技術能在互不相識的交易雙方之間建立可靠的信任，並且透過去中心化方式實現可信的價值傳輸。因此，區塊鏈被稱為價值互聯網[15]。

　　五、從技術視角看，區塊鏈是一種技術方案，或是一種由多種技術組合而成的新技術。正如穆啟國所說，區塊鏈是一種透過去中心化和去信任的方式，共同維護一個可靠數據庫的技術方案[16]。諶麟豔認為，區塊鏈就是一種不依賴協力廠商、透過自身分散式節點進行網路資料的存儲、驗證、傳

12　陳龍強，〈區塊鏈技術：數位化時代的戰略選擇〉，《中國戰略新興產業》，2016 年 6 月，P56-58。

13　馬昂、潘曉、吳雷，〈區塊鏈技術基礎及應用研究綜述〉，《資訊安全研究》，2017 年 11 月，P968-980。

14　於博，〈區塊鏈技術創造共用經濟模式新變革〉，《理論探討》，2017年 2 月，P103-107。

15　邵奇峰、金澈清、張召，〈區塊鏈技術：架構及進展〉，《電腦學報》，2017 年 4 月，P1-20。

16　穆啟國，〈區塊鏈技術調研報告之一：具有顛覆所有行業的可能性：區塊鏈技術解析和應用場景暢想〉，《川財研究》，2016 年 6 月，P23-40。

遞和交流的一種技術方案[17]。董慧等指出，區塊鏈是一種融合數學、密碼學[18]、電腦科學等學科知識而形成的新技術，相關的基礎技術主要包括：時間戳記服務、共識機制、非對稱加密技術[19]等[20]。顏擁也認為，區塊鏈是透過安全散列演算

---

17 諶麒豔，〈區塊鏈:金融業即將面臨的一場革命？〉，《銀行家》，2016年7月，P14-16。

18 密碼學 Cryptography 可分為古典密碼學和現代密碼學。在西方語文中，密碼學一詞源於希臘語 kryptós「隱藏的」，和 gráphein「書寫」。古典密碼學主要關注資訊的保密書寫和傳遞，以及與其相對應的破譯方法。而現代密碼學不只關注資訊保密問題，還同時涉及資訊完整性驗證（訊息驗證碼）、資訊發布的不可抵賴性（數位簽章）、以及在分散式計算中產生的來源於內部和外部的攻擊的所有資訊安全問題。古典密碼學與現代密碼學的重要區別在於，古典密碼學的編碼和破譯通常依賴於設計者和敵手的創造力與技巧，作為一種實用性藝術存在，並沒有對於密碼學原件的清晰定義。而現代密碼學則起源於 20 世紀末出現的大量相關理論，這些理論使得現代密碼學成為了一種可以系統而嚴格地學習的科學。密碼學是數學和電腦科學的分支，同時其原理大量涉及資訊理論。著名的密碼學者羅納德·李維斯特解釋道：「密碼學是關於如何在敵人存在的環境中通訊」，自工程學的角度，這相當於密碼學與純數學的差異。密碼學的發展促進了電腦科學，特別是在於電腦與網路安全所使用的技術，如存取控制與資訊的機密性。密碼學已被應用在日常生活：包括自動櫃員機的晶片卡、電腦使用者存取密碼、電子商務等等。《維基百科，自由的百科全書》，<https://zh.wikipedia.org/zh-tw/%E5%AF%86%E7%A0%81%E5%AD%A6>。

19 在基礎密碼學中，有兩種加解密方式，分別式「對稱式加密(Symmetric Encryption)」與「非對稱式加密(Asymmetric Encryption)」。非對稱式加密就是每個使用者都擁有一對金鑰：公開金鑰(Public key)及私密金鑰(Private key)，公開金鑰能被廣泛的發佈與流傳，而私密金鑰則必須被妥善的保存；當訊息由其中一把金鑰加密後，就必須用另一把金鑰解密，加解密的鑰匙要是完整一對(pair)的，所以可以是公鑰加密私鑰解密，也可以是私鑰加密公鑰解密，沒有一定。運作原理是傳送方與接收方在傳送之前，先把彼此的公鑰傳給對方，當傳送方要傳送時，

法、非對稱加密等密碼學原理、共識機制等一系列技術巧妙
配合所形成的技術集合[21]。

綜上所述，區塊鏈是一種融合多種技術的創新應用模式，
尤其在價值互聯網時代展現了獨特優勢。其結合了數據庫管
理、密碼學和網路技術，具有去中心化、去信任化、集體維
護和不可篡改等特點[22]。儘管不同人對區塊鏈的理解有所不
同，單一視角難以全面掌握其全貌。因此，我們需要從綜合
且全面的角度來定義和解讀區塊鏈。

區塊鏈起源於中本聰[23]的比特幣，作為比特幣的底層技

就用接收方的公鑰將訊息加密，接收方收到加密訊息後，再用自己的
密鑰解開，這樣即使有心人拿到公鑰，只要沒拿到接收方的私鑰，也
還是無法解密訊息。但這裡有個問題，就是接收方要如何確認訊息真
的是由傳送方傳的呢?假設有人在網路上找到了接收方的公鑰，假造
一封有病毒的訊息，再用接收方公鑰加密傳過去，這樣接收方一打開
不就中毒了嗎?這時就需要數位元簽章(Digital Signature)的 Double
Confirm 了，也就是傳送方除了使用接收方的公鑰加密外，也使用自
己的私鑰對該封加密訊息的 Hash 簽名，這樣當接收方收到時，除了
要使用接收方本身的私鑰解密，也需要用寄件者的公鑰來對簽章作二
次驗證，確認真的是由正確的傳送者傳來的訊息。《Medium》，
<https://medium.com/@RiverChan/de25fd5fa537。

20 董慧、張成岩、嚴斌峰，〈區塊鏈技術應用研究與展望〉，《互聯網
天地》，2016 年 11 月，P14-19。

21 顏擁、趙俊華、文福拴,〈能源系統中的區塊鏈:概念、應用與展望〉,
《電力建設》，2017 年 2 月，P12-20。

22 袁勇、王飛躍，〈區塊鏈技術發展現狀與展望〉，《自動化學報》，
2016 年 4 月第 42 卷第 4 期，P481-482。

23 中本聰 Satoshi Nakamoto，自稱日裔美國人，有些日本媒體稱為中本
哲史，此名是比特幣協定及其相關軟體 Bitcoin-Qt 的創造者，但真實
身分未知。中本聰於 2008 年發表了一篇名為《比特幣:一種對等式
的電子現金系統》（Bitcoin: A Peer-to-Peer Electronic Cash System）
的論文，描述了一種被他稱為「比特幣」的電子貨幣及其演算法。2009

術，本質上是一個去中心化的資料庫。是指透過去中心化和去信任的方式集體維護一個可靠資料庫的技術方案。

　　區塊鏈技術是一種不依賴第三方，而是透過其分散式節點進行數據存儲、驗證、傳遞和交流的技術方案。因此，從金融會計的角度來看，區塊鏈技術可以被視為一種去中心化的分散式開放性大型網路記帳本[24]。這種記帳本允許任何人在任何時間按照相同的技術標準添加資訊，擴展區塊鏈，以持續滿足各種需求下的數據輸入需求。

　　區塊鏈技術是一種全民參與的記帳方式，所有的系統背後都有一個資料庫，可以將其視為一個大帳本。目前，帳本的記錄由系統的所有者負責，例如微信的帳本由騰訊記錄，淘寶的帳本由阿里記錄[25]。然而，區塊鏈技術改變了這一傳統模式，讓每個人都能參與到帳本的記錄中。

　　但在區塊鏈系統中，所有參與者都有機會參與記帳。在一定時間內，如果有數據產生變化，系統中的每個人都可以

年，他發布了首個比特幣軟體，並正式啟動了比特幣金融系統。從發表論文以來，中本聰的真實身分長期不為外界所知，維基解密創始人朱利安‧阿桑奇宣稱中本聰是一位密碼龐克（Cypher punk）。另外，有人稱「中本聰是一名無政府主義者，他的初衷並不希望數位加密貨幣被某國政府或中央銀行控制，而是希望其成為全球自由流動、不受政府監管和控制的貨幣。」；《維基百科，自由的百科全書》，<https://zh.wikipedia.org/zh-tw/%E4%B8%AD%E6%9C%AC%E8%81%AA>。

24 蔡佳勳，《虛擬貨幣之洗錢防制與打擊資恐》(臺北：臺灣大學碩士論文，2018年)，P13-14。

25 李榮洋、萬月亮、寧煥生，〈元宇宙驅動的新技術及應用〉，《重慶郵電大學學報(自然科學版)》，2023年8月第35卷第4期，P481-482。

記錄這些變化的內容。系統會評選出在這段時間內記帳最快且最準確的人，並將他們的記錄添加到帳本中，然後將這段時間內的帳本內容發送給系統內的所有其他參與者進行備份。這樣，每個參與者都擁有一本完整的帳本。這種方式被稱為區塊鏈技術區[26]。

區塊鏈（blockchain 或 block chain）是一種透過密碼學串接並保護內容的連續交易記錄（稱為區塊）。每個區塊包含前一個區塊的加密雜湊、相應的時間戳以及交易數據（通常使用默克爾樹算法計算的雜湊值表示）。這種設計使得區塊內容難以篡改。利用區塊鏈串接的分散式帳本能讓雙方有效記錄交易，且能永久查驗這些交易[27]。

---

26 《MBA 智庫百科》，<https://wiki.mbalib.com/zh-tw/%E5%8C%BA%E5%9D%97%E9%93%BE>。
27 《維基百科，自由的百科全書》，<https://zh.wikipedia.org/zh-tw/%E5%8C%BA%E5%9D%97%E9%93%BE>。

參、區塊鏈之類型

　　依照現有區塊鏈建立的技術及開放的程度，可將區塊鏈分為公有鏈、私有鏈、聯盟鏈等三種類型[1]。當然，隨著技術不斷向前推進，未來可能還有更多類型出現。

一、公有鏈

　　公有鏈（亦稱公共區塊鏈）是指不需要經過任何中心機構或伺服器的允許，便可向世界上的任何個體或團體所組成的節點發送交易。任何人都可以讀取交易、發送交易以進行有效性確認，並參與共識過程，共同維護公共區塊鏈數據的安全、透明和不可篡改[2]。公有區塊鏈是最為廣泛接受的區塊鏈形式，沒有存取控制，任何節點都可以發送事務、讀取現有事務，並參與區塊的生成而不需要身份認證。公有區塊鏈

---

1 王珍珍、陳婷，〈區塊鏈真的可以顛覆世界嗎-內涵、應用場景、改革與挑戰〉，《中國科技論壇》，第 2 期，2018 年 2 月，P114。
2 林智強，《論金融機構洗錢防制與資訊共享法制—以區塊鏈技術的應用為中心》(臺北：臺灣大學碩士論文，2022 年)，P38-39。

具有強大的可擴展性，主要用於公共開放式的分散式網路[3]。

　　然而，隨著網路規模的增大，保持公有區塊鏈的資料一致性變得越來越困難，即使是達成最終一致性。此外，公有區塊鏈的容量也在不斷妥協。由於公共網路對參與者的識別和認證沒有嚴格的控制策略，因此無法應用高效的一致性達成演算法如 PBFT[4]。

二、私有鏈

　　私有鏈（亦稱私有區塊鏈）是指由公司或個人擁有，其運行規則根據特定需求進行設定。參與的節點數量有限，數據訪問和使用受到嚴格的權限管理控制。寫入權限僅授予參

3　章峰、史博軒、蔣文保，〈區塊鏈關鍵技術及應用研究〉，《網路與資訊安全學報》，第 4 卷第 4 期，2018 年 2 月，P23-25。

4　查選、王旭、劉仁平、郭英傑等，〈區塊鏈技術的一致性和容量的研究與發展及在物聯網中的應用〉，《物聯網學報》，第 1 卷第 1 期，2017 年 6 月，P27；PBFT 演算法是 Practical Byzantine Fault Tolerance 的縮寫，即：實用拜庭容錯演算法。該演算法是 Miguel Castro（卡斯特羅）和 Barbara Liskov（利斯科夫）在 1999 年提出來的，解決了原始拜占庭容錯演算法效率不高的問題，演算法的時間複雜度是 O(n^2)，使得在實際系統應用中可以解決拜占庭容錯問題。該論文發表在 1999 年的操作系統設計與實現國際會議上（OSDI99）；PBFT 演算法由於每個副本節點都需要和其他節點進行 P2P 的共識同步，因此隨著節點的增多，性能能會下降的很快，但是在較少節點的情況下可以有不錯的性能，並且分叉的機率很低。PBFT 主要用於聯盟鏈，但是如果能夠結合類似 DPOS 這樣的節點代表選舉規則的話也可以應用於公共聯，並且可以在一個不可信的網路裡解決拜占庭容錯問題。

與者，而讀取權限則可以對外開放。私有區塊鏈在封閉的私有網路中運行，擁有嚴格的存取控制、讀寫權限及參與者的身份識別和認證[5]。

這種結構使得私有區塊鏈能夠滿足隱私需求，因而受到了金融機構的廣泛關注。私有網路的設計可以優化速度和延遲性能，使其每秒能夠處理數萬次交易[6]。

三、聯盟鏈

聯盟鏈（亦稱共同體區塊鏈）是在某個群體內部由多個預選節點擔任資料記錄人的區塊鏈形式。所有預選節點共同參與並決定每個區塊的生成，其他接入節點可以參與交易但不干涉記帳過程[7]。參與區塊鏈的節點是事先選定的，這些節點之間通常有良好的網路連接和合作關係。聯盟鏈被視為「專屬授權的區塊鏈」，特別適合企業使用[8]。

以聯盟形式為主的區塊鏈平台通常有兩種主要的商業模

---

5 林盟翔，〈金融科技運用在信託業務與落實普惠金融之監理探索-以區塊鏈/分散式中心化技術為核心〉，《中正財經法學》，第 26 期，2023 年 1 月，P80-82。

6 蔡維德、郁蓮、王榮等，〈基於區塊鏈的應用系統開發方法研究〉，《軟體學報》，第 28 卷第 6 期，2017 年，P1476-1477。

7 金雪濤、許志敏，〈區塊鏈與學術評價體系變革：應用場域及可能貢獻〉，《重慶大學學報(社會科學版)》，第 28 卷第 1 期，2022 年，P136-137。

8 《ASP 思愛普軟體》，<https://www.saPcom/taiwan/products/leonardo/blockchain.html>。

式：營利和非營利。非營利組織通常專注於具有重大社會影響的行業挑戰，這些實體一般以開源項目形式運作，並且有公共部門或第三部門的參與[9]。另一方面，營利模式則由私營部門推動，目的是在中期內實現良好的估值表現，目前許多供應鏈相關企業都在朝這個方向努力。

但有另一種模式可以鼓勵廣泛的市場參與，並為初始投資者提供在平台周圍，創造和回收價值的模型。

多數傳統企業在向新型區塊鏈轉型時，仍處於相對初期階段，並且可能具有特殊的潛力。這些企業通常不會直接採用完整的區塊鏈解決方案，而是透過「混合模型」的方式進行轉型。在這種模型中，聯盟首先提供基本功能，例如網路共識、交易分配和驗證、基本智慧合約範本、資產代幣化和數位文件等，這些功能作為實用工具提供給用戶[10]。

這個模型基於使用者付費的原則，根據成本來建立。任何超額收入將根據某些使用度量（例如透過平台引導的交易數量或價值）分配給所有市場參與者。

這解決了創始成員相對於其他參與者擁有過多特權的問題。聯盟可以透過設立第二個法律實體，或直接設計次級利益分配機制，以促進更廣泛的採用並實際提升效率[11]。

---

9 郭菊娥、陳辰，〈區塊鏈技術驅動供應鏈金融發展創新研究〉，《西安交通大學學報(社會科學版)》，第 40 卷第 3 期，2020 年，P46-48。

10 張博濂，《比特幣成為貨幣之可行性分析-兼論比特幣的 66 次協議更新》(臺北：臺灣大學碩士論文，2022 年)，P20-22。

11 卜學民，〈區塊鏈下證券結算的變革、應用與法律回應〉，《財經法學》，第 3 期，2019 年，P74-76。

　　這為創建特定市場的解決方案提供了機會，這些解決方案可以利用核心功能，並進一步嵌入特定參與者群體所需的專業用戶界面、業務規則、流程和數據分析顯示板。在這種情況下，核心平台甚至可以向競爭對手開放，使他們也能從共同的底層平台開發中獲益[12]。

　　茲將上述三種區塊鏈類型比較如次，以求清楚其異同之處。

	公有鏈	私有鏈	聯盟鏈
參與權限	任何人都可以加入和參與，無需許可。	需要許可，只有授權的參與者才能加入和訪問。	部分許可鏈，只有特定的組織或群體可以加入。
去中心化程度	高度去中心化，所有節點有平等的權利。	較低，由一個組織或少數幾個實體控制。	介於公有鏈和私有鏈之間，由多個機構共同管理。
透明度	所有交易記錄公開透明，可被任何人查看。	交易記錄通常僅對參與者可見，外部不可訪問。	交易記錄僅對聯盟成員可見，外部不可訪問。
安全性	由於節點眾多且分散，具有很高的抗攻擊能力。	依賴於少數節點的信任關係，抗攻擊能力相對較低。	由於參與節點有限，安全性依賴於成員間的信任和合作。

---

12 Ennio Y. Lu，〈今年，我們終於可以知道-聯盟區塊鏈究竟行不行〉；《動區動趨 BlockTEMPO》，獨立觀點，<https://www.blocktempo.com/the-year-of-consortium-blockchain/>。

共識機制	通常採用工作量證明 (PoW) 或權益證明 (PoS) 等共識機制。	可以採用更輕量的共識機制，如實用拜占庭容錯 (PBFT)。	通常採用基於投票或多方協作的共識機制，如拜占庭容錯 (BFT)。

本表係參考以下資料整理完成：

王珍珍、陳婷，〈區塊鏈真的可以顛覆世界嗎—內涵、應用場景、改革與挑戰〉，《中國科技論壇》，第 2 期，2018 年 2 月，P.113-115；〈區塊鏈的三大類型私有鏈、聯盟鏈、公有鏈構成了未來區塊鏈生態〉<http://www.how01.com/post_7wZG4Md6QEGkd.html >；董甯、朱軒彤，〈區塊鏈技術演進及產業應用展望〉，《資訊安全研究》，第 3 卷第 3 期，2017 年 3 月，P.201-203；熊健坤，〈區塊鏈技術的興起與治理新革命〉，《哈爾濱工業大學學報(社會科學版)》，第 2 0 卷第 5 期，2018 年 9 月，P.15-17。

三種區塊鏈類型之異同點總結如下：

1. 訪問權限：公有鏈對所有人開放，私有鏈和聯盟鏈需要許可。

2. 去中心化程度：公有鏈最去中心化，私有鏈最集中，聯盟鏈居中。

3. 透明度：公有鏈完全透明，私有鏈和聯盟鏈透明度受限。

4. 安全性：公有鏈安全性高但效率低，私有鏈效率高但安全性較低，聯盟鏈平衡安全性和效率。

5. 共識機制：公有鏈通常使用 PoW 或 PoS，私有鏈和聯盟鏈則使用更輕量的共識算法。

肆、區塊鏈之特性

　　根據 2016 年麥肯錫的研究報告表明,區塊鏈技術將是繼蒸汽機、電力、互聯網科技之後的又一顛覆性革命技術[1]。區塊鏈具有以下之特性:

一、區塊鏈是一個去中心(分散集權)系統

　　與互聯網系統相比,區塊鏈系統沒有中心化的系統運行。其日常運行和維護依靠系統中的每一個節點,而每個節點的權利和義務都是相同的。透過去中心化,區塊鏈系統能夠降低交易成本,壓縮社會關係成本。在區塊鏈體系中,交易結算直接發生在交易雙方之間,不需要第三方仲介的參與,減少了交易環節。這使得在互聯網上能夠進行可信的價值交換,大幅降低了人力資源成本和中心機構的基礎設施成本。交易可以瞬間完成,提高了效率,同時也節省了交易成本[2]。

1　劉海英,〈"大資料+區塊鏈"共用經濟發展研究:基於產業融合理論〉,《技術經濟與管理研究》,2018 年 1 期,P93。
2　鄢章華、劉蕾、李倩,〈區塊鏈體系下平行社會的協同演化〉,《中國科技論壇》,第 6 期,2018 年 6 月,P56。

二、區塊鏈系統是開放的

　　區塊鏈系統中所有資料資訊都是公開透明的，只要參與人知道節點位置並獲得金鑰都可以得知區塊節點中存儲的資料資訊。區塊鏈技術以限定時長的時間戳記為界定形成以資訊為內容的查詢單位——區塊。所有的交易資訊以及與之相關的資訊均被記錄在各區塊的對應節點上，人們可以隨時查詢相關資訊，即交易相關方或其他不相關主體均可在此資訊平台上瞭解與交易相關的所有資訊，但這些公開的資訊僅限於交易本身的資訊，交易帳戶的個人資訊是隱藏的[3]。這種公開透明的資訊狀態首先是交易相關主體的利益可以得到保障。其次可以在保護個人資訊的同時從根本上解決資訊不順的問題。最後能夠有效消除虛假交易。從而規避因虛假交易導致的損失[4]。

三、區塊鏈系統中的資料資訊不可篡改

　　根據區塊鏈系統的設計理念，要對系統中的資料資訊進

---

3 宋俊賢、林安邦、董澤平，〈虛擬貨幣於電子商務之發展及其法律上之衝擊：以比特幣為討論中心〉，《電子商務研究》，第 12 卷第 2 期，2014 年，P243-245。
4 王娟娟、宋寶磊，〈區塊鏈技術在"一帶一路"區域跨境支付領域的應用〉，《當代經濟管理》，第 40 卷第 7 期，2018 年 7 月，P87。

行修改必須要掌握系統內 51％以上的節點。而對於單獨參與區塊節點而言，是永遠不可能掌握區塊鏈系統內 50％的資料資訊[5]。

四、區塊鏈系統中的資料資訊具有可追溯性

區塊鏈中的數據資訊按照時間順序依次連接，形成一條鏈，這種結構確保了區塊鏈系統中的數據資訊穩定且可靠。資料溯源（data provenance）指的是對數據處理流程的管理，旨在解答數據為什麼處於當前狀態（why）、數據的來源（where）以及數據是如何獲得的（how）這些問題[6]。資料溯源的研究主要在科學數據管理、數據倉庫和數據資產管理的背景下進行。

資料溯源方法可以分為兩大類：基於批註的方法和非批註的方法。非批註的方法在處理資料的過程中，不需要對來源資料和處理結果附加額外的資訊。然而，這種方法需要了解存儲和維護資料的處理過程[7]。如果處理是可逆的，則可以透過目標資料反推出來源資料。需要注意的是，雖然像 SPJ

---

5 任明、湯紅波、斯雪明、遊偉，〈區塊鏈技術在政府部門的應用綜述〉，《電腦科學》，第 45 卷第 2 期，2018 年 2 月，P1。
6 楊孟輝、杜小勇，〈政府大資料治理：政府管理的新形態〉，《大資料》，第 6 卷第 2 期，2020 年，P6-8。
7 邱祈榮、許庭瑋，〈區塊鏈於碳交易制度之應用〉，《中華林學季刊》，第 55 卷第 1 期，2022 年，P13-14。

（select-project-join）這樣的查詢是可逆的，但許多常用的資料庫查詢並不可逆的。例如，很多聚集函數是不可逆的。非標注的資料溯源可用於資料變換、資料集成過程的調整測試。當來源資料與目標資料之間的資料模式改變時，這類方法尤為有用[8]。

五、安全的共用帳本系統

區塊鏈技術消除了不同產業和單位在確認交易紀錄時的多重限制。這種技術以記帳的方式，永久保存參與者的所有交易行為。參與者可以在共享的帳本系統中查看他們被授權的交易紀錄，從而加速相關交易的進行[9]。

六、自動化的智慧合約[10]系統

利用區塊鏈技術，交易參與者可以將合約中的交易方式

8　錢衛甯、邵奇峰、朱燕超、金澈清、周傲英，〈區塊鏈與可信資料管理：問題與方法〉，《軟體學報》，第 29 卷第 1 期，2018 年 1 月，P154。

9　高芳，〈美英兩國區塊鏈發展現狀及對我國的啟示〉，《情報工程》，第 3 卷第 2 期，2017 年，P14。

10　學者尼克‧薩博(Nick Szabo)在 1995 年首次提出智慧合約，他將智慧合約定義為："一個智慧合約是一套以數位形式定義的承諾(Promise)，包括合約參與方可以在上面執行這些承諾的協議。"從上述定義分析，智慧合約本質上是一個電腦的程式碼，交易人可以將他們訂立合同的內容和執行條件，透過電腦轉化為可識別的程式碼，當滿足程式設定的條件時，隨即觸發系統自動執行相應的合約條款，從而實現交易。參閱周建峰，〈論區塊鏈智慧合約的合同屬性和履約路徑〉，《黑龍江省政法管理幹部學院學報》，第 3 期，2018 年，P65。

和商業條款編碼，並寫入以區塊鏈為核心的交易服務中。系統會根據雙方同意並授權的合約內容自動執行相關交易，因此企業、供應商或客戶都不用擔心交易操作會與合約不符[11]。智慧合約的概念在區塊鏈技術出現之前就已經存在。智慧合約包含執行條件和執行邏輯，當條件滿足時，執行邏輯會自動運行。從資料管理的角度來看，智慧合約與資料管理系統中的觸發器和存儲過程有相似之處。

另一方面，與傳統資料庫管理系統中的事務不同，智慧合約的處理結果需要保存在區塊鏈中，智慧合約本身也必須存儲於區塊鏈上，並在系統的各個節點間同步，以確保不同節點和用戶看到的智慧合約一致性。例如，比特幣區塊鏈僅提供非常簡單的腳本語言來實現智慧合約；Ripple 則不支持智慧合約；以太坊提供圖靈完備的智慧合約腳本語言；而 Hyperledger Fabric 則支持使用 Go 和 Java 編寫智慧合約[12]。

七、交易者保有隱私性

儘管區塊鏈會自動記錄交易參與者的所有行為，但參與者無需將個人資料與交易資訊綁定，並且可以透過授權方式

---

[11] 蔡孟峰、黃駿朋、王銘陽，〈基於區塊鏈之去中心化知識協作平台〉，《2018臺灣網際網路研討會》，臺北：2018 年 10 月 24 日-26 日，P1919。
[12] 錢衛甯、邵奇峰、朱燕超、金澈清、周傲英，〈區塊鏈與可信資料管理：問題與方法〉，《軟體學報》，第 29 卷第 1 期，2018 年 1 月，P153。

限制可查看的交易資訊。隱私保護問題至關重要，是區塊鏈技術能否得到廣泛應用的關鍵之一。許多國家和機構持續關注隱私保護問題，旨在找到一種既能滿足監管要求又不侵犯數據隱私的方法。目前，業界已有如 Tear-Off、State Channel、CCP 等技術的解決方案來應對這一挑戰[13]。

八、打造交易共識

　　無論參與者是以匿名還是公開身份加入區塊鏈網路，一旦某個參與者發起交易，所有其他參與者都會立即收到交易資訊。透過區塊鏈技術的共識算法，系統會決定負責驗證該交易的人員，以防止違約情況的發生[14]。

---

13 韓秋明、王革，〈區塊鏈技術國外研究述評〉，《科技進步與對策》，第 35 卷第 2 期，2018 年 1 月，P156。

14 林柏君，〈突破悶經濟之數位新科技－區塊鏈〉，《經濟前瞻》，第 171 期，2017 年 5 月，P41-42。

伍、區塊鏈發展面臨的主要挑戰

　　從理論角度看，區塊鏈技術的研究和開發可以產生更高品質和更廣泛內容的服務和產品。而且，區塊鏈技術的應用不僅限於金融支付領域，還會不斷擴展到其他領域，例如房地產、建築和互聯網等[1]。區塊鏈技術的出現，有助於消除人類之間的信任問題，從而在完全信任的基礎上實現無限制的合作。然而，區塊鏈技術的發展仍然面臨一些挑戰和問題：

一、法律限制問題

　　在區塊鏈發展的過程中，往往會受到國家法律的制約。由於區塊鏈具有一定的去中心化特性，透過自我管理和集體維護來進行生產改革，這與人們現有的生活生產方式存在較大差異。此外，區塊鏈技術因淡化了國家提出的監管理念，這將導致它與現有的國家法律自然產生了一些衝突[2]。

---

1 袁園、楊永忠，〈走向元宇宙：一種新型數位經濟的機理與邏輯〉，《深圳大學學報(人文社科版)》，第 39 卷第 1 期，2022 年 1 月，P88-90。
2 崔志偉，〈區塊鏈金融：創新、風險及其法律規制〉，《東方法學》，第 3 期，2019 年，P94-97。

二、技術限制問題

目前，區塊鏈技術在研發方面尚未取得任何突破性進展。區塊鏈技術的研究仍然處於初級階段，尚未產生具體的服務和產品。

三、競爭限制問題

儘管許多人對區塊鏈技術的發展持理想態度，但提升人類發展步伐的方式有很多，人們通常會選擇效率更高、產品更加具體的技術。這加劇了區塊鏈技術在發展過程中的競爭壓力[3]。

四、資源浪費問題

重複的數據存儲會導致嚴重的存儲資源浪費和過高的電力消耗，相較於中心化結構應用，區塊鏈技術在算力資源方

---

3 張寶坤，〈區塊鏈技術的應用價值分析〉，《數碼世界》，第 4 期，2018 年，P543。

面也存在顯著的浪費[4]。

五、資料庫空間存儲問題

即區塊膨脹帶來的存儲空間需求。區塊鏈要求系統內每個節點都保存一份數據備份，隨著海量數據的不斷增長，對存儲空間的需求也在不斷增加，這成為限制區塊鏈發展的關鍵問題之一[5]。

六、效率問題

由於受工作量證明機制的限制，區塊鏈的交易速率無法與當前支付系統的高效率相提並論。例如，以目前最成熟的區塊鏈應用比特幣為例，它每秒僅能處理 7 筆交易，這極大地限制了區塊鏈在大多數金融系統高頻交易場景中的應用[6]。

---

4 林德力，〈基於大資料的電力行銷管理創新研究〉，《水電科技》，第 6 卷第 7 期，2023 年，P127-128。
5 蔡振華、林嘉韻、劉芳，〈區塊鏈存儲：技術與挑戰〉，《網路與資訊安全學報》，第 6 卷第 5 期，2020 年，P16-128。
6 陳兵，〈數字經濟發展對市場監管的挑戰與應對-以「與資料相關行為」為核心的討論〉，《東北大學學報(社會科學版)》，第 21 卷第 4 期，2019 年，P390-391。

七、處理大規模交易時的抗壓能力問題

目前,區塊鏈還未能真正應對大規模交易的挑戰。巨大的數據存儲需求、較低的交易效率以及交易延遲等問題,都限制了區塊鏈在大規模交易環境中的應用[7]。

八、交易延遲問題

B2B 網路的固有缺陷以及交易確認需要全網用戶參與,導致交易延遲較高。以目前區塊鏈應用最成熟的比特幣為例,交易確認至少需要 10 分鐘的延遲時間[8]。

九、存在中心化現象問題

目前,區塊鏈尚未完全實現「去中心化」,實際上更多呈現為多中心或弱中心的特性[9]。以比特幣為例,雖然它

---

7 朱建明、張沁楠、高勝,〈區塊鏈關鍵技術及其應用研究進展〉,《太原理工大學學報》,第 51 卷第 3 期,2020 年 5 月,P328-329。
8 司冰茹、肖江、劉存揚等,〈區塊鏈網路綜述〉,《軟體學報》,第 35 卷第 2 期,2024 年,P777-778。
9 劉明達、陳左寧、拾以娟等,〈區塊鏈在資料安全領域的研究進展〉,《計算機學報》,第 44 卷第 1 期,2021 年 1 月,P13-15。

在運行過程中實現了「去中心化」，但其實際控制權仍掌握在少數程式師手中，這意味著其「中心化」從運行時轉移到了系統設計階段。此外，算力資源也顯示出中心化的發展趨勢[10]。

[10] 王元地、李粒、胡諜，〈區塊鏈研究綜述〉，《中國礦業大學學報(社會科學版)》，2018 年 3 月，P81-82。

陸、區塊鏈在海運物流之應用

　　綜上所述，區塊鏈具備九大特性，使其在數位加密貨幣、金融交易、醫療體系、教育體系、物聯網、資料存儲、資產管理等領域擁有廣泛的應用前景。這些特性不勝枚舉，並且有望在優化現有經濟運行效率和促進行業間跨界融合等方面，對未來經濟社會發展產生重大影響[1]。

　　同時，區塊鏈技術在各重要國家及國際組織中得到了廣泛引進和應用。例如，美國：美國國土安全部利用區塊鏈技術的防篡改特性和數位加密技術，為指揮系統與一線工作人員之間提供更為安全、可靠的資訊交互平台，確保人員之間通信資訊的準確性。此外，美國國防部的國防高級研究計畫局（DARPA）也開始利用區塊鏈技術來保障關鍵系統資訊的完整性，並嘗試創建更多的資訊服務[2]。

　　英國：英國就業和養老金部門 2016 年 7 月嘗試運用區塊鏈技術進行福利金發放。透過分散式帳本或區塊鏈技術，民眾可以直接在手機上領取並支付福利金，並在徵得同意後，

---

1 高芳，〈美英兩國區塊鏈發展現狀及對我國的啟示〉，《技術情報工程》，第 3 卷第 2 期，2017 年，P17。
2 任明、湯紅波、斯雪明、遊偉，〈區塊鏈技術在政府部門的應用綜述〉，《電腦科學》，第 45 卷第 2 期，2018 年 2 月，P3。

將消費記錄保存在區塊鏈系統上，便於日後進行個人財務管理，從而提高政府養老金發放的效率。此外，英國政府也在同年 8 月宣佈將採用區塊鏈服務平台，未來包括蘇格蘭、威爾士和北愛爾蘭的地方政府機構都將全面應用區塊鏈技術，以改善公共服務並加強政府與公民的關係[3]。

隨著全球化的發展，先進的電子交易網路推動了國際間電商交易的快速增長。交易筆數不斷增加，導致船隻、自動化控制的港口以及大量電腦數據庫的儲存和貨物追蹤需求增加。然而，即使在當前看似順暢的產業鏈中，海運貿易大部分仍然依賴數百萬張紙本文件來完成交易。現代海運涉及非常複雜的作業流程。當業者預定貨櫃後，該貨物訂單便開始了一連串的「訊息傳遞旅行[4]」。在貨物進入或離開港口時，需要完成數百頁的文件，並實際交付給幾十個不同的代理機構、銀行、海關等實體機關，經過批准後才能進行下一步操作。這導致了諸多問題：貨物供應鏈數據傳遞不對稱、貨物傳輸中的溝通困難、人工比對確認資料花費過多成本、以及貨運過程不透明帶來的圖利可能性等[5]。

2016 年，全球最大的海運公司馬士基（MAERSK）為了改善上述問題，與 IBM 展開了區塊鏈合作實驗。2016 年 6

3　林柏君，〈突破悶經濟之數位新科技-區塊鏈〉，《經濟前瞻》，2017
　　年 5 月，P43。
4　蔡絢麗、林婷如、張志清，〈創新科技在航運及港埠經營上之應用〉，
　　《航運季刊》，第 28 卷第 2 期，2019 年 6 月，P77-79。
5　林婷如、蔡絢麗、張志清，〈定期航運對商業環境改變之因應對策〉，
　　《航運季刊》，第 28 卷第 3 期，2019 年 9 月，P37-40。

月，一批從肯尼亞運往荷蘭的貨物成為首個區塊鏈技術應用項目。隨後，IBM 和馬士基繼續與貨運代理商和海關當局合作，並於 2017 年 2 月開始對區塊鏈技術進行現場測試。

2018 年 3 月，馬士基（MAERSK）與 IBM 合作設計的全球貨櫃船運區塊鏈平台初步完成。該平台能夠全程追蹤單個貨櫃，從出貨到送達目的地，甚至包括交貨後的過程。貨櫃進入儲存場時的情況也有記錄。所有經手的文件都透過區塊鏈技術進行簽章防止篡改，並上傳到這個平台上。貨櫃上鎖時也會拍照存證，並上傳到平台備查。不論是運輸公司還是託運的客戶，都可以在單一界面中查看這趟貨運的全程資料和交易過程，掌握每一段運送的行蹤和情況[6]。

2018 年 6 月，阿布達比港口旗下子公司 Maqta Gateway 推出了其數位創新實驗室自行開發的區塊鏈技術 Silsal，以提高海運和物流行業的效率。Maqta Gateway 表示，除了區塊鏈服務，他們還開發了數位身分，以對貿易中的所有運輸文件進行加密。這項技術旨在改善提單、交貨單、預訂單和運輸單的流通透明度，減少貿易往來中的文書和電話流程，並且可以即時追蹤貨物資訊和交易狀態，從而節省大量時間和成本[7]。

2018 年 9 月，IBM 與馬士基（MAERSK）共同建立了全

6　王宏仁，〈全球貨櫃船運區塊鏈平台年底上線，快桅要讓全球民生運輸成本省 20%〉，2018 年 5 月 19 日，<https://www.ithome.com.tw/news/123105>；。

7　李靜宜，〈提高海運與物流效率，阿布達比港口自行開發區塊鏈技術 Silsal〉，2018 年 6 月 7 日，<https://www.ithome.com.tw/news/123700>。

球區塊鏈供應鏈平台 TradeLens，旨在提高全球海運生態系統的效率，並確保貨物運輸和數據的安全性。根據世界經濟論壇的報告，TradeLens 將減少國際供應鏈的障礙，全球貿易量有望增加近 15%，同時促進全球經濟發展並增加就業機會。官方表示，目前已有 94 個組織積極參與或同意參與，共同建立 TradeLens 平台的開放標準。其中包括全球 20 多個碼頭和碼頭運營商，如新加坡國際港務集團（PSA）、鹿特丹港、畢爾巴鄂港、Port Connect、Port Base、費城港的碼頭運營商 Holt Logistics 以及全球 APM 碼頭網路等，參與了網路試驗計劃。太平船務（PIL）、馬士基（MAERSK）和漢堡南美（Hamburg Süd）三大國際貨櫃運輸公司也加入了這一解決方案[8]。

　　2018 年 9 月，中國大陸首家海運區塊鏈平台 MarineX 宣佈正式成立。該平台利用物聯網、人工智慧和區塊鏈等數位技術，提高貨櫃使用效率，降低全球空櫃調運成本，打造全新的貨櫃商業模式。MarineX 平台由來自中國中科大、日本東京、美國矽谷等地的區塊鏈專家組成的 MarineX 技術團隊打造。MarineX 認為，國際海運的業務流程相對於其他行業更具專業性和複雜性，不適合市場上的 ICO 募資方式，因為一般非國際海運從業者很難理解這一行業，因此更適合採用無幣區塊鏈技術。國際海事業務需要透過新技術和區塊鏈思

---

8 葉玟廷，〈區塊鏈供應鏈平台 TradeLens 掀開全球海運革命〉，2018 年 9 月 11 日，<https://innoservice.org/19990/區塊鏈供應鏈平台—tradelens 掀開全球海運新革命/>。

維來實現突破，共同打造數位化的全球海事和海洋生態[9]。因此，MarineX 更注重區塊鏈技術在提高海運效率和提供數位信用背書方面的作用。未來，MarineX 將以國際海運為切入點，同時積極研究在船員服務、海洋環境、遠洋漁業等海事和海洋領域的數位化解決方案[10]。

2018 年 11 月，我國陽明海運、長榮海運與中國大陸中遠海運、法國達飛、新加坡港務集團等九大國際航運產業相關業者，與海運入口網及軟體解決方案廠商 Cargo Smart 簽署聲明，共同開發全球海運商務網路（GSBN）。該網路將運用區塊鏈技術，作為開放式數位平台，逐步推廣區塊鏈的應用，並與其他產業的區塊鏈連結。GSBN 預計將從危險品貨物文件的數位化資訊交換開始，透過各方合作，縮短傳統海運中繁瑣的文件作業流程。同時，透過文件的數位化，使運輸過程中各相關單位的資料傳遞更加高效和精準[11]。

2019 年 1 月，西班牙阿爾赫西拉斯港口管理局（APBA）簽署了一項協議，將與 IBM 合作，採用由 IBM 和國際海運巨頭馬士基（MAERSK）共同開發的基於區塊鏈技術的數位平台 TradeLens。作為歐洲十大最繁忙的港口之一，阿爾赫

9　林婷如、蔡絢麗、張志清，〈定期航運對商業環境改變之因應對策〉，《航運季刊》，第 28 卷第 3 期，2019 年 9 月，P29-30。

10　陳維強，〈陸首家海運區塊鏈平台 MarineX 成立〉，《台灣新生報電子版》，2018 年 9 月 13 日，<https://tw.news.yahoo.com/陸首家海運區塊鏈平台 marinex-成立-160000164.html>。

11　張佩芬，〈九大航港企業合作　建立區塊鏈合作計畫〉，《工商時報電子版》，2018 年 11 月 13 日，<https://www.chinatimes.com/newspapers/20181113000294-260204?chdtv>。

西拉斯港將透過 TradeLens 平台更高效、更安全地管理供應鏈數據，同時改善並確保交易記錄的真實性。TradeLens 平台的數據管理系統能讓供應鏈中的所有參與者，包括貨運代理商、託運人、船運公司和物流運營商等，以更具成本效益的方式進行交易[12]。

據此，吾人得知，目前在海運物流區塊鏈技術的應用上，已逐步形成兩大兩小系統。兩大系統是全球區塊鏈供應鏈平台（TradeLens）和全球海運商務網路（Global Shipping Business Network，GSBN）；兩小系統是區塊鏈技術 Silsal 和海運區塊鏈平台 MarineX[13]。此外，還有一些規模更小的系統平台，茲不再贅述。

在兩大系統中，TradeLens 平台正面臨來自 GSBN 的競爭。此外，這些平台在爭奪市場採用技術的過程中，對於區塊鏈解決方案的創新也帶來了新的挑戰。目前，Maersk-IBM 區塊鏈平台已納入新加坡、香港和鹿特丹的港口運營商，並與多國的海關當局展開合作。

在海運行業中，區塊鏈平台提高運輸效率的想法已經從商業實驗轉變為真正的競賽。如今，競爭的關鍵在於平台能夠說服多少供應鏈合作夥伴加入。對於 2018 年進行大規模重組、將多個子公司合併並目標成為物流「全球整合商」的馬

---

12 凌鬱涵編譯，〈區塊鏈大應用:歐洲大港口 APBA 加入 IBM、馬士基的區塊鏈供應鏈管理平臺〉，《鉅亨網》，2019 年 1 月 23 日，<https://news.cnyes.com/news/id/4272456>。

13 王曉光、殷萌，〈區塊鏈平臺下航運供應鏈的兩階段定價研究〉，《電腦工程與應用》，第 59 卷第 7 期，2023 年 9 月，P320-322。

士基（Maersk）而言，從區塊鏈平台獲取數據並改進供應鏈效率不佳的環節至關重要。同時，為了保持領先優勢，IBM也在不斷提升區塊鏈技術，並與 Food Trust 和沃爾瑪等主要廠商合作[14]。

　　無論如何，TradeLens 區塊鏈平台和 GSBN 網路在區塊鏈技術於海運業的應用中，為尚不明朗的未來做出了重要貢獻。不同的區塊鏈平台已經開始被設計、應用並逐步擴散，預計在全球貿易數字化進程中將發揮關鍵作用[15]。

---

[14] 李素蕙，《國際貨櫃航運業經營管理之研究-以 A 公司為例的個案研究》(臺北：臺灣大學碩士論文，2018 年)，P63-64。
[15] 王曉光、殷萌，〈考慮公平關切的航運物流區塊鏈平臺定價策略與契約協調〉，《工業工程》，第 26 卷第 6 期，2023 年 12 月，P148-149。

柒、結　論

　　成功的區塊鏈平台最終需要確保在同一產業中樹立獨一無二的數據市場，達到其他平台無法匹敵的質量標準，並擁有經過科學驗證的交易數據集。同時，市場參與者必須能夠完全掌控數據的共享時間、對象和共享量。這樣的設計確保了公司所貢獻的數據在未來使用時，其創造的價值能夠在很大程度上回流到數據源頭，從而激勵這些公司繼續提供高質量的數據。

　　這樣的區塊鏈平台在管理參考數據方面(如設施、港口、船舶、路線、產品、交易規範、程序文件及各種合約範本等)如能提供極大的行業價值。而若大多數公司亦信任該些數據來源的完整性和可靠性，他們也會願意向平台提供商支付取得這些參考數據的費用。

　　迄今為止，我們可以從目前海運區塊鏈聯盟的趨勢來看，當前最需要改進的是「結構和戰略調整」部分。總結而言，有四項改進工作：

1. 創建新的法律實體結構

　　這將提供區塊鏈被法律制約之解決方案。獨立的平台法人實體通常允許大型行業公司或機構之參與者共同投資創新

平台環境，保護他們的利益並提供適當的操作靈活性。關鍵是要兼顧初始投資團體的投入風險，但不限制其有效決策的能力。

2.結構設計應以最大化採用率為目標，而非利潤

這旨在鼓勵核心成員之外的組織或企業能更積極參與和採用。「向少數成員提供過多利潤」的模式已被證明是失敗的。

3.平台公司需設置獨立董事會

董事會成員應從項目指導小組成員轉變為能專注於長期戰略的獨立董事。這一轉變對於平台的長期發展之成功至關重要。

4.找到合適的運作模型

這應充分保護投資者的利益，鼓勵參與並提升成功啟動所需的靈活性和創新精神。讓海運區塊鏈平台聯盟成為一個具有共同目標的群體，建立能讓會員有最佳機會做出正確權衡的應用結構，是至關重要的。

論上海自由貿易試驗區與
臺灣自由貿易港區之
規劃與合作

摘　要

　　「21 世紀海上絲綢之路」是中國大陸領導人習近平於 2013 年 10 月訪問東協國家時所提出的建設概念,「上海自由貿易試驗區」隨即展開。臺灣 2003 年即制訂透過「自由貿易港區設置管理條例」自由貿易港區被核准設立並開始營運。臺灣「自由貿易港區」與中國大陸「上海自由貿易試驗區」如何擬定具體可行之相互連結合作,避免臺灣經濟邊緣化現象之產生。

　　本研究採取系統科學方法做為研究方法,此一研究方法為人類的科學認識提供了強有力的主觀手段。它不僅突破了傳統方法的局限性,而且深刻地改變了科學方法論的體系。

關鍵詞:21 世紀海上絲綢之路、上海自由貿易試驗區、臺灣自由貿易港區

壹、引 言

一、背景緣起

孫中山先生於民國七年自廣東遷居上海，致力於研究建國方略與實業計劃。他特別將這一研究成果命名為《國際共同開發中國書》（The International Development of China），明確指出中國應掌握國家主權，選擇最有利的發展道路，吸引外資共同開發中國，以解決當時中國的貧弱問題。

（一）全面的基礎建設計劃

孫中山設計了一個貫穿全中國的綜合交通網路，包括鐵路和公路系統。他的計劃包括：

1.鐵路建設：預計建設十萬英里的鐵路，這將極大地改善中國內陸地區與沿海城市之間的聯繫，促進經濟發展。

2.公路建設：規劃了百萬英里的石子路，提升國內交通運輸效率。

3.水利建設：包括修建大運河、開鑿新運河，以及疏浚河流，這不僅有助於改善農業灌溉條件，還能減少洪澇災害。

4.港口發展：計劃開發新的商港，建設三個世界級的大港口，以促進對外貿易和經濟交流。

（二）資源開發與工業化

孫中山也制定了詳盡的資源開發和工業化藍圖，主要包括：

1.天然資源開發：針對中國豐富的礦產資源，特別是在蒙古和新疆地區進行礦業開發。

2.輕重工業建設：規劃建設一系列的輕工業和重工業基地，以實現國內工業化。

3.水利建設：在北方和中部地區推動灌溉工程，提升農業生產力。

4.生態保育與造林：強調生態保育，在華中和華北地區進行大規模造林，以改善環境並促進可持續發展。

（三）移民與地區發展

孫中山還計劃推動大規模的移民，以促進邊遠地區的開發：

1.移民開發：鼓勵人口移民到東北、蒙古、新疆、青海和西藏等地區，開發這些地區的資源，促進當地經濟發展。

2.農業開墾：實施荒地開墾計劃，增加農業用地，提高糧食生產能力。

（四）國際合作與發展

孫中山強調通過國際合作來推動中國的現代化。他認為，吸引外資並與國際社會合作，是中國擺脫貧困、走向富強的關鍵。他的計劃不僅涵蓋了具體的經濟建設目標，還涉及政治、社會及生態等多方面，展現了其遠見卓識和胸懷天下的精神。

孫中山先生的實業計劃如果能順利實現，不僅可以解除中國人民的貧困，還能促進國家富強，使中國及早進入現代工業化國家之列。這些計劃的成功實施將使中國的經濟社會發展達到新的高度，並為後續的國家建設奠定堅實的基礎。孫中山的遠見和智慧，至今仍然對中國的發展具有重要的啟示意義。至於六大計劃，則是：

1.第一計劃：以北方大港為中心，建造西北鐵路系統。

2.第二計劃：開發中部富源，以東方大港為中心，整治長江水道。

3.第三計劃：開發南部富源，以南方大港為中心，建造西南鐵路系統。

　　4.第四計劃：鐵路建設計劃，建造中央、東南、東北、擴展西北、高原等五大鐵路系統。

　　5.第五計劃：民生工業計劃，包括食、衣、住、行、印刷等工業。

　　6.第六計劃：開發礦產計劃，包括鐵、煤、石油、銅、特種等有色礦產。

　　孫中山先生上述這些計劃，在過去四十年大陸推動的建設中，多已實現，並有許多比當年計劃更佳的實踐成果。譬如高鐵建設、港埠設施和水利工程，均已超越當年的規劃設計。但重要的是，針對工業發展，孫中山規定了兩項基本原則，迄今仍被遵循：

　　1.凡是可以由私人經營的就歸私人經營；
　　2.私人能力所不及或可能造成壟斷的則歸國家經營。

　　政府有責任鼓勵私人企業，並以法律保護之。苛捐雜稅必須廢除，幣制必須改善並予統一。官方的干涉和障礙必須清除；交通必須發展以利商品的流通。鐵道、公路、疏浚河流、水利、墾荒、商埠、海港等都規定由國家主持。他還特別強調，歡迎外國資本，並將雇用外國專家。

　　孫中山先生在實業計劃序言中指出，「然則中國富源之發展，已成為今日世界人類之至大問題，不獨為中國之利害而已也。惟發展之權，操之在我則存，操之在人則亡，此後中國存亡之關鍵，則在此實業發展之一事也。吾欲操此發展

之權，則非有此知識不可。庶幾操縱在我，不致因噎廢食。」

孫中山設計了一個貫穿全中國的綜合交通網路，包括鐵路和公路系統，並強調政府在這些基礎建設中的主導角色：

1.鐵路和公路建設：預計建設十萬英里的鐵路和百萬英里的石子路，這將大大提升中國內部的交通運輸效率，促進商品流通。

2.水利工程與港口發展：包括疏浚河流、修建大運河、開鑿新運河，以及開發新的商港和三個世界級港口，這些措施旨在改善灌溉條件，減少洪澇災害，並促進對外貿易。

3.資源開發與工業建設：制定了天然資源開發和輕重工業建設的藍圖，並強調生態保育，計劃在華中和華北地區進行大規模造林。

孫中山的實業計劃不僅強調對外開放，歡迎外資和外國專家的參與，但始終堅持發展之權掌握在中國自己手中。這種強調主權在我的理念，與鄧小平在 1970 年代後期推動的改革開放政策相似，都是以國家主權為核心，積極對外開放，促進經濟發展。

1.現代中國的自貿區發展

2013 年中國大陸領導人習近平提出的「21 世紀海上絲綢之路」和「絲綢之路經濟帶」概念，標誌著中國新時代的國際發展戰略。在這一背景下，上海自由貿易試驗區的成立和推動成為重要的一環：

（1）上海自由貿易試驗區

2013 年 8 月，中國國務院批准設立上海自由貿易試驗區，隨後於 2015 年在廣東、天津、福建設立更多自貿試驗區。這些試驗區在投資、貿易、金融、創業創新和監管等方面進行了大膽改革，有效激發了市場主體活力。

（2）內陸擴展：

2016 年中國國務院決定在遼寧、浙江、河南、湖北、重慶、四川、陝西設立新的自由貿易試驗區，這標誌著自由貿易試驗區建設進入向內陸區域試點探索的新階段。

2.臺灣的自由貿易港區發展

自 2003 年臺灣制訂《自由貿易港區設置管理條例》以來，已設立並運營了七個自由貿易港區，包括基隆港、高雄港、臺北港、臺中港、桃園航空自由貿易港區、蘇澳港和安平港。臺灣希望利用其地理優勢、強大的運輸能力和高效的通關效率，提升在全球生產運籌鏈中的地位：

（1）整合供應鏈管理

加強商流、物流、金流與資訊流的整合，使企業能在產品供應、下單、運輸和銷售等跨國經貿活動中更快捷地完成。

（2）國際競爭力

2015 年，臺灣的海港自由貿易港區在世界自由港區評選

中獲獎，展現出逐漸提升的國際競爭力和知名度。

　　中國大陸的自由貿易試驗區建設已取得顯著成效，不僅促進了經濟發展，也增強了戰略安全。臺灣則通過自由貿易港區的設置，積極尋求在全球供應鏈中的新定位。兩岸在自貿區和自由貿易港區的發展上都展現出了積極的態度和創新精神，未來可以通過更多的合作與交流，共同促進區域經濟的繁榮。

　　總結來說，孫中山的實業計劃和現代中國的自由貿易試驗區發展都強調在保持國家主權的前提下，積極對外開放，吸引外資，這種策略不僅提升了國家經濟實力，也促進了全球經濟的互動與合作。這些發展策略在當今全球化背景下，依然具有重要的參考價值和現實意義。

　　因此，在中國大陸全力發展自由貿易試驗區情勢下，「上海自由貿易試驗區」對臺灣「自由貿易港區」的挑戰為何？又應如何合作？實為值得深入研究之課題。

二、研究目標

　　臺灣在自由貿易港區的業務推動上，持續積極招商引資與創新經營。例如，推動高雄港成為倫敦金屬交易所（LME）的非鐵金屬交易港，並在臺北港成立海運快遞專區。這些舉措旨在加強臺灣的全球物流競爭力，提升國際市場地位。同

時，臺灣更專注於港口核心事業的發展，提供友善安全的作業環境和高效能的港口運營，以進一步強化臺灣港口的服務品質及高雄港的國際貨櫃樞紐地位。特別是，高雄港在 2014年 10 月 14 日取得 EcoPorts 生態港認證，成為亞太地區首個生態港，這與現今藍色經濟的發展方向相契合。

　　然而，面對中國大陸上海自由貿易試驗區的迅速發展，臺灣自由貿易港區的發展是否能夠持續是一個值得關注的問題。以高雄港為例，其全球貨櫃輸送量排名從 2005 年的第 6位，下降至 2010 年的第 12 位，並在 2015 年進一步滑落至第 13 位。這顯示出臺灣自由貿易港區在國際競爭中的挑戰，特別是基隆港和台中港的排名已遠落於 30 名之外，對以出口為導向的臺灣經濟前景造成不利影響。

　　中國大陸社科院臺灣研究所於 2014 年 12 月公開呼籲臺灣應主動參與海上絲綢之路建設，這能為臺灣參與亞太區域經濟合作創造條件，避免經濟遭邊緣化危機。然而，臺灣自由貿易港區與中國大陸上海自由貿易試驗區在港口建設、物流通關、政策法律等方面仍有顯著不同之處。尤其在當前政治氛圍緊張的情況下，雖然局勢尚待扭轉，但臺灣應未雨綢繆，做好未來可能的合作因應對策。

　　總結來看，臺灣的自由貿易港區在招商引資、創新經營和環境保護方面已取得了一定成效，但面臨著國際貨櫃樞紐地位下降的嚴峻挑戰。臺灣需要進一步加強港口建設，改善物流通關流程，並完善政策法律環境，以提升競爭力。此外，積極參與區域經濟合作，如海上絲綢之路，將有助於臺灣在全球經濟中保持競爭力和實現可持續發展。這些策略不僅能

夠提升臺灣的經濟實力，還能為未來的經濟發展奠定堅實基礎，確保在國際競爭中的有利地位。

三、預期成效

中國大陸「上海自由貿易試驗區」之成功推動，對於中國大陸經濟發展取得相當優勢，尤其是港口建設、招商引資、物流運送等，均能取得廣大的成效。特別是由沿海推進內陸，整個中國大陸形成「環狀自貿圈」，其帶動周邊省市之「圓形輻射效應」，實無法估量。

透過本書期盼能達成下列之貢獻：

1.剖析臺灣「自由貿易港區」與中國大陸「上海自由貿易試驗區」之不同處，能擬定具體可行之相互連結合作建議事項，避免臺灣經濟邊緣化現象之產生。

2.兩岸應可審慎考量透過「區對區產業合作模式」，讓臺灣自由貿易港區與上海自由貿易試驗區進行各方面之對接，促使兩岸優勢能夠串接互補，並協助臺灣業者拓展大陸市場，創造兩岸產業合作新契機。

貳、文獻回顧

　　有關本研究的文獻部分大致上可從中國大陸以及臺灣學術界的專書著作、學術論文、研究報告等來觀察。中國大陸學術界專門對於「21 世紀海上絲綢之路」上海自由貿易試驗區之論文與專書，目前進行研究與探討者雖不在少數，約百餘篇，然而卻偏重於東協自貿區之對接論述；真正涉及到與臺灣自由貿易港區對接者，研究著作之數量頗少。於此同時，臺灣雖然於 2003 年開始推動自由貿易港區，在臺灣學術界專門對於自由貿易港區之論文期刊部分，目前進行研究與探討者雖不在少數，亦約 80 餘篇。筆者約略進行檢視後，僅臚列其中較具代表者加以評述。

一、中國大陸

　　中國大陸學者對於「上海自由貿易試驗區」之研究，主要係以推動「21 世紀海上絲綢之路」戰略下，如何對於東協自由貿易試驗區進行中國大陸之行政體系、經濟制度、財稅制度、海關制度等進行比較與分析，這些研究除與本研究主題稍微偏離外，亦流於以宏觀角度提出的原則性建議意見，

對於實務真實操作時，往往會形成各國國情不同致理論上可行但實務上卻阻礙重重之局面。雖然有些作者本身具有實務經驗而提出看法與意見，但亦僅限於作者實務經驗之所得，然對於非其擅長領域之問題，卻無法提出確切可行之建議意見。據此，筆者嘗試從百餘篇之學術專門著作，包括專書、期刊論文、碩博士畢業論文中，舉其與本研究主題有關且具有參觀價值者，加以闡述與探討。

　　1.福建師範大學福建自由貿易試驗區綜合研究院編著「自由貿易試驗區大時代」（2015）專書，該書紮實而有系統地整理了上海自由貿易試驗區近兩年來的實踐和成果，為中國大陸進入自由貿易試驗區 2.0 時代提供了理論基礎和實踐指導。其認為政府勇於改革是自由貿易試驗區大改革之前提，指明政府應該如何制度創新，順應改革潮流，以激發企業熱情，帶動社會創新創業活力。書中也針對中國大陸因自由貿易試驗區之推動對其農業、製造業、貿易、金融、服務業等將獲得什麼機遇。闡明自由貿易試驗區設立之後，台商將會如何佈局大陸，兩岸經貿關係未來是否由此展開重塑。此一專門著作對於本研究主題，所要探討的問題具有重要的參考價值。

　　2.學者厲以寧、林毅夫、鄭永年等合著「讀懂一帶一路」（2015）專書，該書係從中國大陸之歷史、地緣、經濟、外交等不同視角出發，企圖從建設之藍圖到施工，從回顧到反思，從提出問題到解決問題來加以論述，書中並由中國大陸現任官員、經濟學家、領域學者以個別主體進行小篇幅之論述。嚴格而言，應是屬於類似集合許多篇文章而出版之論文

集專著。雖然如此，書中亦不乏良善之建議內容，例如提出在實行過程中需要注意三點：1.貿易和投資並重，不是單純為了貿易，也不是單純為了投資，適合投資的就投資，適合開展貿易的就開展貿易。2.中國大陸應發揮自己的作用，比如絲綢之路經濟帶有很多基礎設施要做，把基礎設施搞好，對整個路線將來的暢通是有好處的，海上絲綢之路同樣如此。3.中國大陸要跟沿線國家更好地合作，更好地諒解，這非常重要，大家一定要拿出相互信任、誠意，這樣「一帶一路」一定能搞好。本專著所彙集中國大陸現任官員、經濟學家、領域學者的想法內容對於本研究主題頗具有重要的政策、實務之研判具有相當價值。

　　3.學者李鵬主編「決戰百年目標：中共中央關於制定國民經濟和社會發展第十三個五年計劃的建議」（2015）專書，該書雖然是對於中共中央關於制定國民經濟和社會發展第十三個五年規劃的建議內容進行解讀，但是其中有一部分論述是對於如何與臺灣地區進行合作發展，以互利共贏方式深化兩岸經濟合作。推動兩岸產業合作協調發展、金融業合作及貿易投資等雙向開放合作。以及後續推動之融資、商貿、物流、專業服務等向高端高增值方向之合作發展進行闡述。本專著所解讀的內容對於本研究主題頗具有重要的政策擬定之價值。

　　4.上海交通大學碩士生付鑫在其「中國大陸（上海）自由貿易試驗區對港口物流企業轉型發展及價值影響研究」（2014）畢業論文中以工商管理之角度進行對港口物流企業轉型之研究，分析了貿易與港口物流業的相關性及國外自由

貿易區概念、實踐形式、發展歷程,與港口物流企業的重要
關係。也分析出上海自由貿易試驗區制度與政策創新對港口
物流企業轉型發展的影響,重點是分析了自由貿易試驗區對
港口物流企業的價值影響。本論文研究主題所探討的問題對
於自由貿易試驗區港口物流發展頗具有重要的參考價值。

　　5.學者鄭佳麗、韓皓所發表之「淺析自由貿易區背景下
的上海臨港經濟發展」(2014)論文中,以經濟層面角度檢
視中國大陸臨港經濟發展現狀,並以自由貿易區背景下的上
海臨港經濟發展作為研究探討對象,用自由貿易區模式推動
臨港經濟發展的經驗,本篇論文探討出對上海自由貿易試驗
區未來發展臨港經濟的啟示提出借鑒之看法,提供了本研究
在臨港經濟發展方面的重要參考。

　　6.學者蘇珊珊所發表之「中國大陸(上海)自由貿易試驗區
政策分析:基於中國大陸臺灣基隆自由港區、韓國釜山自由
貿易試驗區的比較」(2014)論文中,以政策角度剖析上海
自由貿易試驗區、臺灣基隆自由港區、韓國釜山自由貿易試
驗區三個自由貿易試驗區在政府相關政策和管理辦法為分析
物件,透過對政策的歸類分析後,作者認為政府行政管理模
式的變化對中國大陸全國政府機構具有借鑒意義,是實現政
治體制改革實驗的重要探索。而對於服務業開放為促進我國
服務貿易的發展,推動貨物貿易與服務貿易共同增長提供了
基礎。對金融領域的改革措施是上海自由貿易試驗區最具特
色和核心的措施,利率市場化措施和人民幣資本帳戶自由兌
換皆對目前中國大陸金融業市場化和匯改、人民幣國際化都
是具有意涵的探索和實驗。本論文探討出對自由貿易試驗區

發展重要之管理營運目標、管制法規和監管機構提供了本研究在港口發展方面的重要參考。

7.學者高娟、呂長紅、陳祥燕所發表之「自由貿易試驗區建設為港航業帶來新機運」（2013）論文中，以上海外高橋保稅區、洋山保稅港區之運作與發展，進而探究上海自由貿易試驗區如何獲得中國大陸首批試驗區的因素，同時論及對港航業及長江沿岸港口發展之帶動影響。本論文探討出對上海港航業及長江沿岸港口發展提出帶動因素之看法，提供了本研究在港口發展方面的重要參考。

中國大陸學者對於「上海自由貿易試驗區」的研究涵蓋了多個方面，這些研究對於理解和推動自由貿易試驗區的發展具有重要意義。

首先，許多研究強調，政府在自由貿易試驗區的改革和制度創新是成功的基礎。學者們指出，政府應該簡化行政手續、減少干預，推動市場自由化，這樣才能激發企業和社會的創新創業活力。這一觀點在多個研究中得到了強調，並認為自由貿易試驗區在農業、製造業、貿易、金融和服務業等方面提供了大量機遇，促進了經濟增長和兩岸經貿關係的重塑。

在「一帶一路」戰略的背景下，研究展示了自由貿易試驗區如何成為中國與其他國家經濟合作的重要平台。學者們強調貿易和投資並重的重要性，並提出了基礎設施建設和國際合作的具體建議。這些建議不僅強化了自由貿易試驗區的國際競爭力，也為未來的發展提供了可行的路徑。

關於兩岸經濟合作，研究指出，深化兩岸產業合作、金

融業合作及貿易投資的雙向開放合作對於提升臺灣和大陸的經濟競爭力具有重要意義。這些研究提供了具體的政策建議，對於推動兩岸經濟一體化具有現實指導意義。

　　自由貿易試驗區的制度與政策創新對港口物流企業的轉型發展也有深遠影響。學者們分析了自由貿易試驗區政策如何提升物流效率、降低運營成本，這些研究對於港口物流企業的戰略規劃提供了實質性的指導和建議。

　　臨港經濟的研究強調，自由貿易試驗區模式能夠顯著推動臨港地區的經濟發展。研究建議地方政府和企業應加強政策支持和基礎設施建設，以促進臨港經濟的可持續發展，這為地方經濟發展提供了明確的方向。

　　自由貿易試驗區金融服務創新的關鍵性，如利率市場化和人民幣資本帳戶自由兌換，這些改革對於中國金融市場的開放和國際化具有重要意義。這些研究為理解自由貿易試驗區的運行機制和未來改革方向提供了寶貴見解。

　　此外，自由貿易試驗區對港航業和長江沿岸港口的發展具有顯著影響。研究指出，自由貿易試驗區的建設為港航業帶來了新的機遇，並提出了具體的政策建議，這有助於提升港口競爭力和促進區域經濟發展。

　　總體來看，這些研究從多角度探討了上海自由貿易試驗區的發展策略和實施效果，為政策制定者和實務操作人員提供了豐富的參考資料。這些研究不僅深化了對自由貿易試驗區的認識，也為其未來發展提供了可行的建議，具有高度的學術和實務價值。

二、臺 灣

　　臺灣學術界對中國大陸「21世紀海上絲綢之路」基石之上海自由貿易試驗區的研究並不熱絡，大多侷限於環境保護、船舶管制等小範圍之層面。對於大範圍整體性之研究較少著墨。但就中國大陸學者之研究觀之，其大抵先進行大範圍政策、管理層面之研究，進而進行小範圍個別性產業或區域進行研究。因之，筆者在文獻的回顧上也僅就現有資料進行探討，以小窺大方式逐步發掘臺灣自由貿易港區如何與中國大陸上海自由貿易試驗區進行對接之政策、管理、法制走向。

　　1.學者李政德所發表之「大陸設立四大自由貿易區對兩岸經濟發展之影響」（2015）論文中，以國際貿易金融經濟研究之論述角度來探討中國大陸設立上海、廣東、天津、福建等四大自由貿易試驗區之新貿易時代。

　　作者認為中國大陸四大自由貿易試驗區之重要內涵有二：（1）為加速服務業(包括：金融服務業)的改革開放；（2）為了確保人民幣在國際間扮演更重要的角色，進而能和美國的美元分庭抗禮。而對於中國大陸推動四大自由貿易試驗區對臺灣之影響層面如何，作者認為可分為兩個層面加以說明：（1）有關金融面的部分，中國大陸的自由貿易試驗區若成功地逐漸推廣且資本帳逐漸開放之後，臺灣和中國大陸

間的外人直接投資是否產生磁吸效應。（2）有關產業面的部分，若產生磁吸效應，臺灣的產業鏈外移後隨即可能產生產業空洞化的現象。作者最後建議臺灣應對於 FDI 的磁吸效應與產業空洞化的危機，早日提出因應策略並予以落實執行。本篇論文探討出四大自由貿易試驗區金融運作模式的觀點，實有效提供了本研究在研判自由貿易試驗區金融問題時的重要參考。

　　2.學者張志清、餘坤東、蕭丁訓、林政雄、鄭雅馨所共同發表之「自由貿易港區跨部門協調障礙之探討」（2014）論文中，以政策管理層面角度檢視跨部門協調問題，並進行深入探討，以分析出業者、公部門、業務主管機關普遍認為最應優先處理的問題為何。作者群在研究後得出，在自由貿易港區的運作中，跨部門協調是一個相當複雜的問題，雖然自由貿易港區標榜單一視窗，不過在執行上，缺乏橫向溝通協調連繫作業，尚難落實行政管理單一窗口作業。另一方面，自由貿易港區之實體運作包括貨物移運、貨物通關、控管及貨物入出區之門哨管理皆由海關主導監管作業，兩者的立場經常需要協調，交通部對於營運規劃運作、跨部會協調，存在許多困境。本篇論文探討出對政府跨部門作業效率的觀點，實有效提供了本研究在跨部門協調問題方面的重要參考。

　　3.學者林玲煥所發表之「由公共政策觀點探討我國自由貿易港區之政策」（2014）論文中，以 Benson，J.K 政策網路和 Ellison，B.A 政策變遷之論證分析來探討政府推動自由貿易港區的政策。本論文主要係釐清自由貿易港區政策過程

中行政、立法及執行機關的關係；同時也探討利益團體及知識社群在自由貿易港區政策過程中所扮演的角色；最後，作者認為應該務實的面對兩岸產業垂直分工之需要及可行性，放寬自由貿易港區相關法令之限制規定，並透過兩岸直航之商機降低產業鏈的整體成本，提高產業回流率或者根留臺灣之機會，並透過外資投資障礙的排除，並應積極吸引外資來台投資。本篇論文探討出政府對自由貿易港區運作模式的觀點，實有效提供了本研究在政府公共政策問題方面的重要參考。

　　4.學者顏慧欣所發表之「上海自由貿易試驗區之內容與展望」（2014）論文中，從上海自由貿易試驗區的有關規範架構與實質優惠內容，以及此政策迄今之實踐情形，以探討上海自由貿易試驗區之可能發展與前景，同時探討臺灣自由貿易港區可為借鏡之處。論文中詳細論述中國大陸加速政府職能轉變，推動服務業擴大開放與外商投資管理體制改革，俾期成為符合國際標準之投資貿易便利、貨幣兌換自由、監管高效便捷、法制規範環境的上海自由貿易試驗區。同時也對於中國大陸深化行政管理體制改革、擴大服務業開放及建立負面清單管理模式等進行探討。本篇論文探討出上海自由貿易試驗區運作自由化模式的觀點，實有效提供了本研究在研判上海自由貿易試驗區與臺灣自由貿易港區自由化競爭程度問題時的重要參考。

　　5.學者張建一所發表之「上海自由貿易試驗區對臺灣的影響評析」（2014）論文中，從經濟研究角度探討上海自由貿易試驗區所採取之措施對臺灣的影響內容，包括加快政府

職能轉變、擴大投資領域開放、推進貿易發展方式轉變、深
化金融領域開放創新、完善法制保障等五大項目。同時也論
及上海自由貿易試驗區的重點政策，包括貿易領域監管模式
創新、投資領域開放試行負面清單管理模式、深化金融領域
開放創新等。最後作者建議與上海自由貿易試驗區進行對接，
借重各自的優勢條件，強化園區間合作，奠定未來產業擴大
合作的基礎，有利於臺灣產業的市場拓展，以及區域間經貿
關係的進一步密切結合，促進彼此的經濟發展。本篇論文探
討出上海自由貿易試驗區管理措施與政策項目的觀點，實有
效提供了本研究在研判上海自由貿易試驗區與臺灣自由貿易
港區對接政策問題時的重要參考。

　　6.學者史惠慈所發表之「中國大陸(上海)自由貿易試驗區
的內涵與挑戰」（2013）論文中，以經濟研究之論述角度來
探討上海自由貿易試驗區的規劃內涵為何？其開放的程度與
代表的意義又為何？作者首先對於上海自貿試驗區的規劃特
色進行闡述，包括制度的改變、服務業的開放、貿易的開放
等。次而就上海自貿試驗區的開放幅度與面臨挑戰進行探
討。本篇論文探討出上海自由貿易試驗區運作模式的觀點，
著實有效提供了本研究在研判上海自由貿易試驗區問題時的
重要參考。

　　中國大陸設立的四大自由貿易試驗區，包括上海、廣
東、天津和福建，對兩岸經濟發展及其相關政策產生了深
遠的影響。以下是對上述研究的綜合評論：

（一）金融改革與國際影響

　　四大自由貿易試驗區旨在加速服務業特別是金融服務業的改革開放，同時提升人民幣在國際間的地位，與美元競爭。這些改革可能對臺灣產生磁吸效應，吸引外人直接投資並導致臺灣產業鏈的外移和產業空洞化。這提醒臺灣需要及早制定應對策略，以防範可能的經濟風險。

（二）跨部門協調挑戰

　　自由貿易試驗區的成功運作依賴於高效的跨部門協調。然而，目前的研究指出，雖然自由貿易試驗區設置了單一窗口，但實際執行中缺乏橫向溝通和協調，導致行政管理效率低下。海關與其他部門的協調、交通運輸的規劃及跨部門合作等問題亟需解決，以提升自由貿易試驗區的運作效率。

（三）公共政策與法規改革

　　自由貿易港區的政策推動過程中，行政、立法及執行機關之間的協作，以及利益團體和知識社群的參與，至關重要。研究建議應務實面對兩岸產業分工的需求，放寬自由貿易港區的相關法規限制，吸引外資來臺，並降低產業鏈的整體成本，以提高產業回流率或者根留臺灣的機會。

（四）上海自由貿易試驗區的規範與實踐

　　上海自由貿易試驗區在政府職能轉變、服務業擴大開放

和外商投資管理體制改革方面取得了顯著成就，目標是達到國際標準。這些改革經驗對臺灣自由貿易港區具有借鑒意義。上海自由貿易試驗區透過深化行政管理體制改革、擴大服務業開放及建立負面清單管理模式，推動了投資貿易的便利化和監管高效化。

（五）對臺灣的影響

上海自由貿易試驗區的政策措施對臺灣的影響主要體現在政府職能轉變、投資領域開放、貿易方式轉變及金融領域開放創新方面。研究建議臺灣應積極借助上海自由貿易試驗區的優勢條件，加強兩岸合作，強化園區間的合作，以促進區域經濟發展和臺灣產業的市場拓展。

（六）面臨的挑戰

雖然上海自由貿易試驗區在制度變革、服務業開放和貿易自由化方面取得了進展，但仍面臨諸多挑戰，包括如何在更大範圍內推廣成功經驗、應對國內外經濟環境變化以及進一步深化改革的需求。這些挑戰需要持續關注和應對，以確保自由貿易試驗區的長遠發展。

總結來說，中國大陸的四大自由貿易試驗區在推動經濟改革和開放方面具有重要意義。這些研究為政策制定者和實務操作人員提供了豐富的參考資料，不僅深化了對自由貿易試驗區的認識，也為其未來發展提供了可行的建議，具有高度的學術和實務價值。

參、路徑選擇

一、路徑概念

　　研究途徑指的是研究者在進行研究時，從哪一層次出發，著眼於何處，進行觀察、歸納、分類與分析。由於著眼點的不同，研究途徑也會有所差異，每一種途徑都配合一組特定的概念，這些概念構成了分析的架構。以下對於規範性研究（normative approach）、經驗性研究（empirical approach）以及價值性研究（valuative approach）這三種研究途徑進行詳細說明。

（一）規範性研究（Normative Approach）

　　規範性研究是歷史最悠久的研究途徑之一，在西方可追溯至古希臘時期，在東方則可見於儒家和印度哲學的理論中。狹義上，規範性研究是道德哲學的一部分，關注影響政治生活的基本道德意涵。廣義上，它涵蓋了所有涉及「應該」而非「實際」的理論，包括思想、意識形態及當前的文化研究。這種研究途徑也可以深入討論制度和政策。例如，研究可以探討政治制度如何體現某些道德原則，或者特定政策是否符

合倫理標準。

（二）經驗性研究（Empirical Approach）

經驗性研究，亦稱實證研究，最早可追溯至中世紀。由培根主張的歸納實驗法、伽利略的數學公式描述自然規律以及牛頓的實驗法驗證，都是經驗性研究的基礎。經驗主義在社會科學中的應用則是由孔德推動的，他認為研究人類現象的方法應該類似於自然科學的方法，強調實證和科學的方法。至十九世紀末，Avenarius 提出經驗批判論，認為純粹經驗是唯一的知識來源，這進一步強化了實證主義的地位。

實證研究是指從大量的經驗事實中，透過科學歸納總結出具有普遍意義的結論或規律，然後再用科學的邏輯演繹方法推導出某些結論或規律，並在現實中進行檢驗。這種方法依靠量化或質性分析來獲得經驗證據，以回答具體的實證問題。透過收集到的數據，研究人員可以明確界定問題並進行解答。例如，在政治學研究中，可以通過調查選民行為、分析選舉結果來驗證關於選民偏好的理論。

（三）價值性研究（Valuative Approach）

價值性研究的主要目標是貢獻於改善人類社會。這種研究嘗試回答什麼是好的社會，如何實現這樣的社會，以及如何在眾多意見中找到共識並做出客觀的價值判斷。價值性研究著重於建立和評估我們渴望的未來，基於意見領袖、專家和一般人的希望和恐懼、目標、價值判斷及共同期待。例如，研究可能探索人們對於良善社會的意象，觀察人們的選擇和

行動，以評估政策或制度的效果。

　　評估研究法是價值性研究的重要方法之一，它是一種社會科學研究方法，起源於二十世紀初，最初應用在教育領域，用以評估不同教學法的效果。到了 1950 年代，評估研究逐漸應用於解決社會問題和心理學領域，以更系統地評估社會政策和計劃的效果。例如，評估一項社會福利政策是否達到了預期的改善貧困效果。

　　綜上所述，規範性研究、經驗性研究和價值性研究各自有其特點和應用範圍，這三種研究途徑在政治學、社會科學及其他領域中都具有重要意義。研究者可以根據研究對象和目標選擇適合的研究途徑，以便更全面地理解和分析問題。

　　在分析與瞭解規範性研究、經驗性研究以及價值性研究等三種研究途徑後，對於本研究之研究途徑採取，筆者認為採取規範性研究之研究途徑較為妥適。

二、模組理論

　　模型之建立，在各個學術領域中皆有不同，在資訊科學有其：創新擴散理論、理性行動理論、科技接受模式及計畫行為理論等[1]。在醫學科學亦有其：邏輯斯回歸分析、線性回

---

1 葉美春、阮明淑，〈使用者採用知識管理系統之影響因素研究：理論模型的比較取向〉，《圖書資訊學刊》，第 5 卷第 1/2 期，2007 年 6、12 月，頁 70。

歸分析、風險回歸分析、多變項分析、競爭風險分析等[2]。在社會科學中對於研究模型亦多所不同之建立，以三位學者為例，學者曹俊漢認為研究模型概略有：機關組織決策模型、政治過程決策模型、政治系統模型、團體決策模型、菁英決策模型、理性決策模型、漸進決策模型、博奕理論模型與公共選擇理論模型等 9 種[3]。學者林水波認為研究模型概略有：理性決策模型、漸進決策模型、綜合決策模型、機關組織決策模型、團體決策模型、菁英決策模型、競爭決策模型與系統決策模型等 8 種[4]。學者蘇瑞祥認為研究模型概略有：團體理論模型、菁英決策模型、理性決策模型、漸進決策模型、博奕理論模型（競爭決策模型）與系統理論模型（政策為系統的輸出）等 6 種[5]。

　　在這種情況之下，決策者必須從經驗場合中，抽繹出他認為與他所遭遇的問題，最有關的要素，蓋抽象為解決任何人類問題的初步與必要過程。決策者從經驗的場合中，選取了重要的因素與變數後，再根據邏輯的推理與演繹，將其加以綜合，此時這些重要的因素與變數，就成了經驗問題的模

2 王新台，〈實證醫學研究之統計分析〉，《Amazon》，<http://s3.am azonaws.com/zanran_storage/www.vghks.gov.tw/ContentPages/52516815 .pdf >。
3 曹俊漢，〈研究設計與寫作課程講義〉，頁 10。
4 林水波，《公共政策論衡》，頁 16。
5 蘇瑞祥，〈公共政策講義〉，《隨意窩》，<http://blog.xuite.net/kelen. david/935057/18413917>。

型了[6]。因為,任何一項政策之制定,歷經經緯萬端,影響深鉅,關係人類禍福與安危,以及未來的命運,所以政治學者紛紛根據自己的學識背景,從各種不同的角度建立政策分析的模型,祈能幫助我們瞭解問題、發現目標與解決問題[7]。

　　一方面我們不得過於重視模型,因一個完美的模型並不意謂其為真,模型本來既不真也不假,只是抽象所探討問題而出的相對而已;另一方面模型也可能過於簡化而縮小一個人透視的角度,而致使他忽視相關的理論面向或省略觀察有關的重大問題,以及未思及但可能產生的例外。總之,模型只是真實社會的一種類比,而類比不能期望其為全真[8]。

　　筆者對於本書主題之現況,並斟酌未來發展之面向,經整理前述三位學者對於公共決策建構之研究模型進行研讀,嘗試採取「賽局理論模型-非零和賽局」以作為本研究之研究模型。

　　賽局理論被認為是20世紀經濟學最偉大的成果之一。目前在生物學、經濟學、國際關係、計算機科學、政治學、軍事戰略和其他很多學科都有廣泛的應用。主要研究公式化了的激勵結構(遊戲或者博弈)間的相互作用。是研究具有鬥爭或競爭性質現象的數學理論和方法。也是運籌學的一個重要學科[9]。

6　林水波,《公共政策論衡》,頁 14。
7　林水波,《公共政策論衡》,頁 15。
8　林水波,《公共政策論衡》,頁 16。
9　〈賽局理論〉,《維基百科》,<https://zh.wikipedia.org/zh-tw/>。

　　日本學者清水武治指出，所謂賽局理論是指，當存在競爭對手時，為了達成自己的目標，進行合理性思考應該採取何種行為的科學。賽局理論中發展出的各種思考模式，例如「零和賽局（zero-sum game）」、「囚徒困境」等等，也常常出現在電視或報章雜誌上被提出來討論運用。賽局理論是在思考合理性且具有組織性事物時不容忽視的理論，是一門相當有趣的科學。

　　因此，若該理論在沒有利用數學的方式下，而是透過文章或圖解將思考的精髓做有效的傳達，是相當有幫助的。透過賽局理論的思考模式，比起直覺思考所得到的結論，更有成效。此因為賽局理論的思考是有根據性的，因此能夠更有把握、更準確地付諸行動[10]。

　　賽局理論還有很多分類，比如：以博弈進行的次數或者持續長短可以分為有限博弈和無限博弈；以表現形式也可以分為一般型（戰略型）或者展開型等等[11]。

　　由於賽局的種類繁多，因此我們依照賽局的條件，大致地將它們分類。並將一些專有名詞作解釋。

---

10 清水武治，譯者謝育容，《賽局理論圖解》（臺北：商周出版社，2010年），頁18。
11 葉美春、阮明淑，〈使用者採用知識管理系統之影響因素研究-理論模型的比較取向〉，頁72。

表一：賽局理論條件分類表

分類性質	賽局類型	字義解釋
依參賽人數	兩人賽局	
	N人賽局	須考慮聯合結盟的情況
依參賽者是否有協議	合作賽局	又稱為正和博弈。賽局的重點在於能協商出有拘束力的契約使所有玩家都遵守，以達成共同的目標，因此，形成聯盟是在合作賽局裡的第一件事，而接著成員會不斷檢討聯盟運作跟分配到的利益是否公平，這涉及到聯盟是否穩定而不至輕易破裂，如果都可以接受，合作賽局就會持續下去，如果有一方無法接受就會退出，大部分成員都退出時聯盟就會瓦解掉。
	不合作賽局	玩家彼此的利益互相對立，大家都從自身利益出發，有一方得，另一方就有失，雙方不可能有合作情形存在，也就是說「自己的利益是建立在他人的損失上」，但是兩人的總報酬不一定為零。在維基百科上有個幽默的說法：「零和博弈被引申為『快樂守恆定律』（ Conservation of Happiness），意思是『有人快樂，就必定有人失落』」。

依報酬分類	零和賽局	是非合作賽局的一部分，自己的利益即對方的損失，如果有一方得益，則另一方必有損失，兩人的總報酬為零。所以賽局白話一點就是只有一塊固定的大餅，由雙方一起吃，一人多吃就一人少吃，其利益衝突明顯直接，「你死我活」特徵十分突出。例如：基本薪資的調漲。
依報酬分類	非零和賽局	不是建立在一方所得，乃是他方所失的基礎上，所以，政策制定之後，利害關係人可能會有所得或有所失，但只要是政策以公平為前提，標的人口多半也不會抵制，抗拒的阻力也較小，例如：農民的補貼政策。
依參賽者互動關係	靜態賽局	所有參與者同時行動，靜態賽局的參賽者是同時採取策略，或者雖然不是同時行動，但後行動者並不知道先行動者採取了什麼具體策略。
	動態賽局	一前一後出招，先行動的一方會影響後來行動的另一方，前者想要制敵機先，後者則是見招拆招。一定要先觀察對方的動作、瞭解對方怎麼反應後，再決定自己的最佳策略。賽局的主要分析工具為樹枝圖，用來記錄參賽者在每一回合的行動並且分析。

依訊息公開程度	完全訊息賽局	玩家對自己跟對手的行動和報酬都了然於胸,沒有不確定性。
	不完全訊息賽局	任何一項資訊不確定,而條件的缺乏,分析更加困難,因此它是賽局理論目前遇到的瓶頸。常應用於商業、戰爭上。

資料來源:作者自行整理

　　在策略運用上,「納許均衡」是以人的行為為基本假設,在完全訊息靜態賽局的狀態下,所有參賽者都瞭解對手的行動選項,並且會就可能採取的行動,選出一個最適的反應。換言之,在理性自利的前提下,「最壞中選最佳,或是極大化最小所得;極小化最大損失」。以「囚犯困境」賽局為例,在「納許均衡」下,最後結果卻變成雙方都認罪,反而不是最佳解,這是「納許均衡」令人著迷之處[12]。

　　在論述賽局理論模式之義涵與運用後,筆者就研究主題之研究模式或許在「談判」中,可採行本模式作為探討中國大陸上海自由貿易試驗區與臺灣自由貿易港區之對接合作談判過程中所面臨的一些事項。

　　上海自由貿易試驗區與臺灣自由貿易港區的關係是涉及兩岸的二方、非合作賽局(no-cooperative game)。彼此間之利益先對立後合作,即大家都先從自身利益出發,也就是說先建立以「自己的利益是建立在他人的損失上」為出發點,再

---

12 陳清泉,〈大師凋零　注意「納許均衡」理論〉,《臺灣醒報》,2015年5月26日,< https://www.anntw.com/articles/20150526-2o1C >。

視各自政治態度是以政治＞經濟或經濟＞政治之思維進行談判，因此，這賽局是零和賽局或非零和賽局？須由兩岸決策者進行判斷。或許可以找出「納許均衡(Nash equilibrium)」點。也就是用最簡單、直白的描述，就是：「我假設你們如何做，然後我盡我所能；同樣的其他的參賽者(player)也是使用同樣的邏輯在動作，最後在各方力量作用下，達到一個大家雖不滿意，但可以接(忍)受的點，這就是納許均衡點」。

但兩岸關係是典型的動態賽局，處在這種二方賽局的狀態下，臺灣自由貿易港區對接上海自由貿易試驗區進行談判前，臺灣談判者最重要的工作約略有：

1.厚植自由貿易港區實力——這是參與自由貿易對接動態賽局，最根本之對策，沒有自由貿易港區實力就無法和對方進行博弈，漸漸淪為無足輕重的「空殼參賽者」(dummy player)。

2.知己——仔細評估自己自由貿易港區之實力、優勢以及劣勢。

3.知彼——蒐集上海自由貿易試驗區之情報，瞭解其實力、行為模式、最新動態等。

三、研究法選擇

一般而言，論文之研究方法概略有以下 19 種方法，約略

有：調查法、觀察法、實驗法、文獻研究法、實證研究法、
定量分析法、定性分析法、跨學科研究法、個案研究法、功
能分析法、數量研究法、模擬法（模型方法）、探索性研究
法、訊息研究方法、經驗總結法、描述性研究法、數學方法、
思維方法、系統科學方法等。

　　其中之系統科學方法係在二十世紀時，系統論、控制
論、資訊論等橫向科學的迅猛發展，為發展綜合思維方式提
供了有力的手段，使科學研究方法不斷地完善。而以系統論
方法、控制論方法和資訊論方法為代表的系統科學方法，又
為人類的科學認識提供了強有力的主觀手段。它不僅突破了
傳統方法的局限性，而且深刻地改變了科學方法論的體系。
這些新的方法，既可以作為經驗方法，作為獲得感性材料的
方法來使用，也可以作為理論方法，作為分析感性材料上升
到理性認識的方法來使用，而且作為後者的作用比前者更加
明顯。它們適用於科學認識的各個階段，因此，本研究採取
系統科學方法做為研究方法。

四、研究限制

　　所謂「研究限制」，就是指在研究過程中遭遇到什麼困
難、阻礙和瓶頸，以致論文具有一定的侷限性。常見的研究
限制如：抽樣調查的樣本不足、樣本不具代表性、資料不足、
受訪者的回答態度、研究途徑、研究方法等。

肆、上海自貿試驗區與臺灣自由貿易港區合作推動之目標及調適

一、合作推動之目標

由於兩岸經濟發展存在著微妙的競爭與合作關係，臺灣自由貿易港區和上海自由貿易試驗區的先後啟動，引發了對兩岸經貿關係發展的多種聯想。在競爭方面，若上海自由貿易試驗區能夠吸引跨國企業的青睞，臺灣可能面臨被邊緣化的風險，因此臺灣自由貿易港區的推動速度必須加快。合作方面，不少專家認為，未來若臺灣自由貿易港區和上海自由貿易試驗區能進行區與區的對接，將有助於臺灣經貿國際化發展。全國工業總會副秘書長蔡宏明表示，隨著兩岸推動經貿自由化政策，未來兩岸可進行區對區的試點合作，加強兩岸產業合作。臺灣綜合研究院研三所所長戴肇洋也認為，透過推動自由經濟區對接，將能提升臺灣在亞洲甚至全球經濟的地位。

臺灣自由貿易港區之優勢具備有

1.位置優越、構築輻射軸心

　　戴肇洋指出，臺灣位於亞太區域的中心地帶，具備優越的戰略地位，是各國進入中國大陸市場的最佳跳板。因此，未來兩岸如果能透過自由經濟區的對接，臺商將可以利用中國大陸廣大的市場腹地作為發展基礎，進而將臺灣打造為亞太區域的輻射中心。日商 Nippon Express 正是因為臺灣優越的地理位置，決定加強在臺灣市場的佈局。Nippon Express 副執行長中村次郎表示，臺灣擁有絕佳的地理位置，不論是前往中國大陸、日本、韓國、新加坡還是香港，都只需 3 小時以內的飛行時間。因此，不管是物流業者還是有亞太運輸需求的企業，都可以選擇臺灣作為集貨中心和轉運站，從而強化在亞太市場的佈局。戴肇洋進一步分析，除了地理位置優勢，根據目前上海自貿區的規劃方向，未來兩岸經濟特區有望朝著享有國民待遇優惠的方向發展。如果能順利實現，這將促進臺灣成為跨國企業在亞太地區的營運基地。日商近鐵集團公司本部長平田圭右也表示，臺灣不僅地理位置優越，且已經與中國大陸實現三通並簽訂 ECFA，因此成為近鐵集團在亞太經營的重要基地。

2.享有先試權、強化產業群聚

　　戴肇洋強調，未來在兩岸自由經濟特區內施行的各項法規制度，臺灣將享有優先試點的權利。因此，兩岸若能利用經濟特區對接的契機，建構起經濟連結的橋樑，共同發展在國際上具競爭優勢的新興戰略產業，並建立起價值鏈與供應

鏈體系，將能形成具有兩岸特色的產業聚集區。蔡宏明則認為，未來在臺灣自經區投資製造業的陸資，將按照外資投資規定處理，此外，自經區將放寬中國大陸人士來台的限制，這將促進包括積體電路、半導體封裝與測試、液晶面板等電機電子產業的兩岸合作更加緊密。

　　此外，數位內容與雲端運算等內容服務產業的部分，近年來臺灣廠商早就積極透過「台日中新黃金三角」的概念，結合日本技術、臺灣運籌與中國大陸人力資源的各方優勢，建構產業鏈，進而達到台、日聯手佈局中國大陸市場，以及結合兩岸華人經驗，進軍全球廣大華人市場的目標。因此未來兩岸經濟特區對接，將對兩岸產業合作創造更大的方便性。智融集團董事長施振榮即表示，未來臺灣企業應善用廣大華人市場，做為臺灣產業的養分，進一步提升品牌力與服務力，才能擺脫臺灣市場太小的困境，朝更寬廣的經營之道前進[1]。

二、合作推動之調適

　　1990 年代中期以來，國際經貿出現明顯的轉變。

---

[1]　劉麗惠，〈創造產業與國際接軌的環境-經貿自由化兩岸啟動示範區〉，《貿易 TRADE　MAGAZINE》，2013 年 11 月，第 269 期，P47-48，《Economics Online 產經線上》，<http://www.ieatpe.org.tw/magazine/ebook269/b5.pdf>

其一，隨著 WTO 的成立，經濟全球化已成為世界經濟的主流。然而，由於 WTO 多邊談判進展緩慢，區域經濟合作組織和自由貿易區協議日益興起，改變了國際產業分工的格局，對地區經濟發展產生了重大影響。

其二，隨著社會變遷和產業轉型，服務業的重要性日益增長，服務貿易在全球貿易中的角色越來越重要。特別是高技術含量的現代服務業，其比重正在不斷上升。目前，西方已開發國家中，現代服務業占服務業的比重已達到約 70%。

其三，高規格和高標準已成為國際貿易的主要規範。傳統的區域一體化協定主要致力於降低關稅和配額，但近年來，在美國和歐盟等國家的引領下，自由貿易區協定成為已開發國家在全球經濟格局中謀求有利地位的戰略平台，並且成為推動國際貿易新規則的談判平台。區域經濟整合呈現出對市場開放度和貿易標準更高的要求[2]。

從大陸內部環境來看，長期的經濟快速增長，大陸社會經濟已出現明顯的轉變，特別是 2008 年遭到國際金融危機的衝擊，支撐經濟高速增長的傳統人口紅利、資源環境紅利等已逐漸衰減，大陸經濟必然逐步降落到中低增速的「新常態」時，在即將到來的「十三五」規劃期間（2016～2020），如何為 2020 年全面建成小康社會舖陳良好的體制環境並尋求

---

2 魏艾，〈大陸自貿區對兩岸經貿關係發展的意涵〉，《觀察》，2015年 8 月，第 24 期，P18，<http://www.observer-taipei.com/article. Php？id=784>。

新的經濟增長點，構建開放型經濟新體制便是個重要的發展策略。

在國際環境方面，過去十多年來，國際經濟格局經歷了深刻的變化，外部需求的常態性萎縮已成為現實，從而削弱了支撐中國大陸經濟高速增長的外部需求環境。特別是 2008年的國際金融危機，對大國之間的博弈策略帶來了顯著影響。以美國為例，短期內採取了量化寬鬆政策並擴大出口；中期則推動再工業化、再創新和再就業；長期目標是與已開發國家重構國際貿易規則，建立高標準的自由貿易區以及投資和服務貿易自由化的新規則體系。這一系列變化將改變經濟全球化的多邊制度框架，導致國際經貿規則和環境的轉變，使許多新興經濟體和開發中國家面臨被邊緣化的風險。

因此，如何進行體制調整和改革，以增加在世界經濟體系中的參與權和話語權，已成為近年來中國大陸對外經貿政策決策的重要考量。專家認為，面對這種變局，中國大陸需要積極應對，透過深化改革和開放，加強與其他經濟體的合作，提升自身在全球經濟中的競爭力和影響力。

經濟體制的改革和政府職能的轉變非一蹴可成，它必須經歷試驗的階段。但是近年來大陸積極搭建其具有影響力的區域治理平台，並已成為亞太區域經濟整合的中心，這是兩岸經貿關係發展無法忽視的事實。

近年來區域經濟整合協議已經涉及知識產權、環境等非傳統領域議題，因此，大陸經濟體制的全面深化改革已勢在必行。

面對著國際經貿發展趨勢所帶來的壓力，近年來大陸已

積極調整其經濟發展策略，並在十八屆三中全會所審議透過的「決定」，提出構建開放型經濟新體制，其主要政策和措施包括：加強服務貿易發展；建立上海自由貿易試驗區，並在推進現有試點的基礎上，選擇若干具備條件的地方發展自由貿易園（港）區；積極推動自由貿易區戰略，強調堅持世界貿易體制規則；全方位推進區域經濟合作，建立開發性金融機構，加快同周邊國家和區域基礎設施互聯互通建設、推進絲綢之路經濟帶、海上絲綢之路建設，形成全方位開放新格局。

建設上海自貿試驗區是大陸海上絲綢之路的重要國家戰略。所賦予的五大任務是加快政府職能轉變、積極探索管理模式、促進貿易和投資便利化，為全面深化改革和擴大開放探索新途徑、積累新經驗。其中，重點發展服務業的擴大開放、強化服務業的外人投資，並發展先進製造業及生產性服務業。

依據大陸的戰略規劃，透過設立自由貿易試驗區，可以在一個相對可控的範圍內，藉由推進投資管理和服務業開放的試點改革，探索與國際規則接軌的發展機制，逐步形成應對國際貿易規則變化的緩衝區和示範區，從而有助於大陸進一步提升應對 TPP 和 TTIP 的主動性，為未來融入國際貿易建立新機制。

根據大陸方面的認知，上海自由貿易試驗區實施一年多來，各項改革開放措施依序推展，包括：以負面清單管理為核心的投資管理制度已經基本建立；以貿易便利化為重點的貿易監管制度有效運行；以資本項目可兌換和金融服務業開

放為目標的金融創新制度有序推進；以政府職能轉變為核心的事中、事後監管制度也已經初步形成；簡政放權等改革效應正在逐步顯現，形成了一批可複製、可推廣的改革創新成果，為在全大陸範圍內深化改革和擴大開放探索了新途徑，積累了新經驗 。兩岸須突破的 3 個障礙不過，由於兩岸經濟特區都還在起步階段，此外，兩岸經濟特區的相關政策、長程目標，以及兩岸經濟發展現況都不一致，因此，未來要實現兩岸經濟特區的對接，仍存在以下多重障礙須要突破：

1.兩岸開放基礎不一樣

戴肇洋認為，雖然兩岸皆以發展自由貿易為下一階段促進產業提升的基礎，但是臺灣是在「全面開放」的經濟架構上，突破行政與勞工管制。反之，中國大陸仍處於「管制經濟」架構，兩者發展的核心價值與定位都有差異，因此如何在公平互惠的原則上對接，仍有多重障礙。

2.缺乏對接標準與原則

再看兩岸自由經濟區的計畫內容。臺灣的自由貿易港區以「六港一空」為基礎，然後透過「精緻深層加工」達成自由貿易島的願景，無論是範疇與長遠目標都非常全面，相較之下，上海的自由貿易試驗區只是在特殊區域提供外資享有待遇。因此，未來兩岸經濟特區對接時，在資金進出、人員往來等自由化方式，以及投資、製造、服務、檢疫等的規範標準，都還必須制定出一個共同原則，才能符合雙方利益。

3.兩岸經濟發展條件的差異

戴肇洋進一步分析，過去兩岸加入 WTO 時，臺灣以「已開發國家」條件參與，對 WTO 會員國大幅開放服務業市場，相對於中國大陸以「開發中國家」條件參與，至今僅開放 12 項服務業，其餘服務業開放均有附帶條件。在此前提下，未來兩岸進行自由經濟區對接，是否能在目前市場開放仍有待突破的限制之下，實現市場、技術上的互補互利，仍是很大的挑戰。綜合觀之，隨著兩岸自由經濟區相關政策相繼啟動，對台商而言，不管是兩岸經貿往來或佈局全球市場，都將帶來一定程度的改變。因此，不僅我國政府必須對政策更審慎執行，台商也應該全面掌握自由經濟區的未來發展，才能在新一波經濟自由化趨勢中，站穩腳步、掌握先機[3]。

上海自由貿易試驗區的總體發展目標是透過創新兩岸合作機制，推動貨物、服務、資金和人員等要素的自由流動，從而增強上海與臺灣之間的經濟聯繫。為實現這一目標，上海自貿區將著重於以下幾個方面的任務和措施：推進投資管理體制改革、促進貿易發展方式的轉變、率先推進與臺灣地區的投資貿易自由化、推進金融領域的開放創新以及培育平潭的新優勢。

具體來說，上海自由貿易試驗區提出了五項深化兩岸經濟合作的創新舉措：

---

3 劉麗惠，〈創造產業與國際接軌的環境：經貿自由化兩岸啟動示範區〉，P48-49。

1.探索閩台產業合作的新模式；

2.擴大對台服務貿易的開放程度；

3.推動上海與臺灣的貨物貿易自由化，並創新監管模式，尤其在海關和檢驗檢疫方面；

4.推動兩岸金融合作的先行先試；

5.促進兩岸往來的便利化。

這些舉措旨在進一步深化兩岸經濟合作，透過創新的合作模式和開放政策，實現兩岸經濟的共同發展。上述措施的實施將有助於提升兩岸經濟的競爭力，促進區域經濟一體化進程[4]。

---

4 魏艾，〈大陸自貿區對兩岸經貿關係發展的意涵〉，P22。

伍、上海自貿試驗區與臺灣自由貿易港區合作推動採取策略之評量

一、上海自貿試驗區推動策略措施採取之評量

上海自由貿易試驗區自 2013 年 9 月 28 日成立以來，經一年多的建設，在建立與國際投資貿易通行規則相銜接的基本制度框架上，取得重要的階段性成果，實現了四大創新制度：

1. 以負面清單為核心的投資管理模式
2. 以貿易便利化為重點的貿易監管制度
3. 以資本專案可兌換和金融服務業開放為目標的金融制度
4. 政府職能轉變為導向的事中事後監管制度等創新

2014 年 12 月 21 日國務院頒發《關於推廣中國大陸（上海）自由貿易試驗區可複製改革試點經驗的通知》。國務院有關部門負責複製推廣的改革事項有 29 項，各省（區、市）

人民政府借鑒推廣的改革事項有 6 項[1]。

1.組織職能運作之轉變

　　一般組織變革通常可分為三個階段：解凍（unfreezing）、轉換（converting）、復凍（refreezing）。解凍階段的目的是促進組織成員對變革需求的認識，並消除變革的障礙。這需要組織領導者制定計畫，讓成員做好變革準備，從而降低對變革的抵抗。

　　轉換階段則是將變革的策略付諸實施。在這一階段，應與員工進行充分溝通，邀請他們參與變革計畫的討論，並賦予一定的自我管理權限。這樣能夠激勵員工，提升組織績效。

　　最後的復凍階段，是將轉換階段的成效予以鞏固和保留，並進行評估。這一階段旨在改善員工的工作態度，並提供學習機會。組織變革並非一蹴而就，需要經過一段時間，並根據不同的階段實施相應的變革策略[2]。

　　簡稱「方案」之「進一步深化中國大陸（上海）自由貿易試驗區改革開放方案」對上海自貿區提出了加快政府職能轉變，加快政府職能轉變實際上滲透和體現於其他各項改革之中，但比較突出的體現在商事登記註冊制度改革和建立綜合監管、執法體系這兩大方面。

　　從商事登記制度改革看，上海自由貿易試驗區建立了一

---

1 黃有方，〈上海自貿區供應鏈研究動態〉，2015 年 3 月，《上海海事大學》，<http://www.ocean1984.org.tw/db/upload/webdata4/3ocean_2015472134497533.pdf>。

2 周宏彥、呂錦隆，〈自由貿易港區組織變革之探討〉，《航運季刊》，第 15 卷第 1 期，2006 年 3 月，P67。

口受理、綜合審批模式，實現註冊資本認繳登記制，將「先證後照」改為「先照後證」。這項改革儘管很大程度上針對外資的開放和進入問題，但事實上帶動對所有企業的進入均從審批制向備案制轉變。「一表登記、一口受理、並聯辦事」服務模式加強了政府部門間的協同，在簡化程式的同時，提高了辦事效率，有利於釋放社會投資活力。

這項改革實施後，企業 4 天可取得備案證明、營業執照、企業代碼和稅務登記，比原來的平均 29 天，縮短了 25 天。自貿區的企業註冊數量顯示，這項改革取得了成效，進一步激發了市場力量。自貿區掛牌當日僅有 25 家企業獲頒證，而到 2014 年 9 月中旬，新設企業達到 12266 家，暴增了 480 多倍，超過原上海保稅區 20 年的註冊總量。新設企業註冊資本（金）超過 3400 億元，註冊資本在 1000 萬元人民幣以上的企業達 5200 餘戶。

建立綜合監管和執法體系主要是為了適應監管方式的轉變，從事前監管轉向事中和事後監管。這一體系著重於以下六個方面的重點工作：推進安全審查和反壟斷審查、構建社會誠信體系、建立綜合執法體系、完善綜合評估機制、促進社會組織參與監管機制以及建設資訊共用和服務平台。目前，綜合監管和執法體系仍在推進中，尚未最終完成。這一體系能否成功建立並有效運行，將直接影響市場在進一步開放的同時，能否保持有序競爭。

從現實情況看，「自由貿易試驗區經營者集中反壟斷審查工作方法」、「反壟斷審查聯席會議制度方案」已經出臺，上海市公共信用資訊服務平台已開通，資訊共用和服務平台

建設、企業年報公示制度、企業經營異常名錄等也已經開始
實施，相關管理辦法已公佈。2014 年 9 月下旬，自由貿易試
驗區首批企業經營異常名錄已被掛上工商局網站，進入名單
的企業有 1467 家，主要是中小企業。年報公示制度方面，自
由貿易試驗區完成申報公示企業 9747 戶，公示率 79.78%，
其中必須參加審計企業4107戶，自願參加審計企業3012戶。

2.法規命令管制之鬆綁

　　自由貿易區試驗區具有特殊性，因此在自由貿易區試驗
區內法律法規的實行也具有特殊性，必須要對大陸現行的法
律法規進行適當的修改或者在自由貿易試驗區內暫停某些不
符合國際規則的法律法規。

　　十二屆全國人大常委會四次會議聽取審議國務院草案，
將在上海自由貿易試驗區內，對負面清單之外的外商投資暫
停實施外資企業法、中外合資經營企業法、中外合作經營企
業法等 3 部法律的有關規定，暫時停止實施文物保護法的有
關規定，時間為 3 年。這些法律調整將作為未來修改完善外
資企業法等法律規定的依據，使新的體制在全國或多個地區
推行。在中止這 3 項法律的有關規定之後，上海自由貿易試
驗區應陸續頒佈一些新的行政法規來進行管理上的補足。

　　自由貿易試驗區涵蓋貨物貿易、服務貿易、金融投資、
知識產權以及環境保護、勞工人權、人力資源和科研等多個
領域。因此，如何與國內現行的法律法規進行銜接是一個重
要的課題。自由貿易試驗區的法律制度需要順應國際貿易規
則與潮流，並結合自由貿易試驗區的實際情況對現行法律法

規進行調整。例如，公司法中關於註冊資本的規定需要進行修改以適應自由貿易區的要求；在智慧財產權法中，需要強化商標保護與專利申請的規定；金融法則需要完善金融機構設置的相關條款。這些調整和完善都是為了確保自由貿易試驗區能夠更好地融入國際經濟體系，並有效促進區內經濟活動的健康發展[3]。

中國大陸全國人大常務委員會作出的「授權決定」，明確規定要在自由貿易試驗區「暫時調整有關法律規定的行政審批」，改用「備案管理」，但未規定具體適用於備案管理的範圍、內容和程式以及配套要求。中國大陸「立法法」規定，除本法第 8 條規定的事項外，其他事項國家尚未制定法律或者行政法規的，省、自治區、直轄市和較大的市根據本地方的具體情況和實際需要，可以先制定地方性法規。

中國大陸國務院發佈的「中國大陸(上海)自由貿易試驗區總體方案」指出，要按國際化和法治化理念建設自由貿易試驗區，要透過地方立法建立試驗區管理制度。在上海市人民政府制定「中國大陸(上海)自由貿易試驗區管理辦法」之後，上海市人大常委會也透過了「中國大陸(上海)自由貿易試驗區條例」。

關於自由貿易試驗區的地方立法，筆者認為，要注意到以下幾點：

（1）關於自由貿易試驗區的地方立法的性質

---

3 賈紫軒，〈上海自由貿易試驗區成立對法律適用的影響〉，《楚天法治》，第 112 期，2014 年 2 月，頁 149。

根據地方立法的目的和功能，通常可以將其分為三種類型：實施性地方立法、自主性地方立法和先行性地方立法。

A.實施性地方立法：這類立法是對國家立法的延伸和完善，旨在更好地執行和補充國家法律。

B.自主性地方立法：這類立法針對中央難以全面覆蓋的地方性事務進行立法，例如江蘇省針對昆曲保護所制定的特色法規，解決地方自身的具體問題。

C.先行性地方立法：這類立法針對改革開放和現代化建設中的新問題和新情況，當國家層面的立法條件尚未成熟時，由地方政府先行立法，以提供法制保障並積累可供全國複製推廣的經驗。上海市人大常常制定這類先行性法規，為本地的改革開放和現代化建設提供法制支持。

自由貿易試驗區的地方立法應該屬於先行性地方立法，實應按照此一立法思路進行佈局。然而，在涉及"調整行政審批"改為"備案管理"的具體情況下，相應的地方立法又屬於實施性地方立法，因為它是在具體落實人大"授權決定"的規定。這些不同類型的地方立法，各自扮演著不同的角色，協同作用以滿足地方和國家的發展需求。

（2）關於自由貿試驗區的地方立法的主體

從法治的角度來看，立法主體是指依法有權進行法律制定、認可和修改活動的國家機關。這些機關必須依法行使立法權。關於「自由貿易試驗區應當有自己獨立的立法權，要求人大授權自由貿易試驗區制定法律」的觀點，至少有三點值得討論：

　　A.全國人大的授權：這裡的「人大」可能指全國人大。但是，即使不談自由貿易區，中國大陸的自貿區與經濟特區仍有不同。過去，全國人大雖然對海南、深圳、廈門、珠海和汕頭等經濟特區授予過立法權，但這些權利是授予經濟特區所在的省和市的人大和政府，而非經濟特區本身。全國人大並未專門授予經濟特區本身以立法權。

　　B.自由貿易試驗區的行政級別：目前，自由貿易試驗區，包括中國大陸上海自由貿易試驗區，不太可能成為一級行政區劃。由於自由貿易試驗區不是一級行政區劃，因此不可能設立立法機關，也不可能享有獨立的立法權。

　　C.地方立法的承擔：根據「中國大陸(上海)自由貿易試驗區總體方案」，上海市需透過地方立法，建立與試點要求相適應的試驗區管理制度。這表明，自由貿易試驗區建設和運行的相關立法是由上海市人大和市政府承擔，而不是由自由貿易試驗區或自由貿易試驗區管委會來負責。《中國大陸(上海)自貿區條例》的制定，充分說明上海市立法機關在自貿區建設的立法上，及時且盡責地承擔了這一重要任務。

　　這些觀點表明，雖然自由貿易試驗區在經濟和管理上具有特殊性，但其立法權仍然依賴於所在省市的立法機關，而不是獨立的自由貿易試驗區立法機構。

（3）關於自由貿易試驗區的地方立法的調整範圍

　　中國大陸（上海）自由貿易試驗區的建設涉及貿易、投資、稅收、海關和金融改革開放等方面，這些一般都屬於法律層面規定的國家事權。全國人大及其常委會並沒有專門權

上海進行立法，因此，上海自由貿易試驗區建設的地方立法
存在一定的難度。

　　如何確定自由貿易試驗區地方立法的調整範圍是一個
重要的問題。全國人大授權決定的關鍵內容是「暫時調整《中
華人民共和國外資企業法》、《中華人民共和國中外合資經
營企業法》和《中華人民共和國中外合作經營企業法》中有
關行政審批的規定」，這些調整在三年內試行。

　　中國大陸國務院的「總體方案」也將改革外商投資制度
作為重點和核心內容。結合《立法法》中關於人民政府、檢
察院和法院的產生、組織和職權以及訴訟和仲裁應有中央層
面的國家法律規定，專家認為，自由貿易試驗區的地方立法
的調整範圍不宜過寬。地方立法應聚焦於實現試點要求的具
體調整，而不應擴大至涉及中央層面權力的範疇。

　　上述觀點表明，上海自由貿易試驗區的地方立法應在中
央授權的框架內，合理確定調整範圍，以確保自由貿易試驗
區建設的法制保障，並有效推動改革和開放。

　　現已透過並開始實施的《中國大陸（上海）自由貿易試
驗區條例》包括九章 57 條條文，涵蓋總則、管理體制、投資
開放、貿易便利、金融服務、稅收管理、綜合監管、法治環
境和附則等內容。這部地方立法對自由貿易試驗區的建設考
慮得相當全面，體現了中央、國務院和全國人大的要求，反
映了國內外政治經濟改革的趨勢。

　　從立法本身來看，該法包含了許多引領性和原則性的條
款，以及政策性的表述。在調整範圍上，除了訴訟和仲裁等
糾紛解決機制外，大部分條款（27 條條文）集中於貿易便利、

金融服務、稅收管理和綜合監管等方面。關於投資開放，則只有 6 個條文。

這種結構和範圍安排是否合理，值得進一步討論。投資開放應該是自由貿易試驗區設立的核心，是自由貿易試驗區建設的重要看點。如果對自由貿易試驗區地方立法的調整範圍稍作限制，並不意味著會妨礙立法的作用。

實際上，自由貿易試驗區地方立法的重點在於細化和完善事中和事後監管的手段，以體現改革的內涵。立法應聚焦於制度創新的重點領域、關鍵環節和程序。這些內容非常複雜，需要立法者認真考慮、梳理和歸納，制定出必要的、合法的、科學的、可行的條文規則。這也是中國大陸中央和國務院希望能在全國推廣的做法。

如果立法結構包括以下五大部分，將使立法重點更為明確，權威性也更強：

（1）總則：闡述立法目的、適用範圍和基本原則。

（2）自貿區管理原則和體制：詳細規範自貿區的管理體系和運作原則，確保管理的有序性和透明度。

（3）投資進入：包括備案制、出資認繳制和先照後證制等，旨在簡化投資程序，提高投資便利性。

（4）便利投資和投資權益保護的社會機制：包括滿足實體經濟投資貿易便利化需求的各種舉措，例如貿易便利化措施、稅收舉措、自由貿易帳戶、人民幣資本項目可兌換、金融市場利率市場化、人民幣跨境使用等制度設計。這些措施將保

障投資者的權益並促進投資環境的優化。

（5）附則：包括其他補充性條款，確保立法的全面性和可操作性。

這樣的結構可以設置更多明確且具約束力的條款，使立法更加具體和操作性。對於未來不同地區基於各自特點發展的自貿區，相關的地方立法也需要突出自身的重點和特色，以適應不同地區的需求和發展方向。

這樣的立法設計將更好地滿足自由貿易試驗區的實際需求，提高立法的有效性和權威性，為自由貿易試驗區的建設和運行提供強有力的法律保障特色[4]。

3.投資領域範圍之擴大

擴大投資領域開放主要包括兩個方面：投資體制的改革和服務業的開放。投資體制改革的重點在於外資進入的負面清單管理以及國內資本走出去的境外投資管理體制改革；而服務業的開放則涵蓋了六大領域的 23 個具體行業。

投資體制改革的核心內容是「准入前國民待遇+負面清單」制度，旨在營造內外資企業平等准入的市場環境。在負面清單之外的領域，外商投資項目由核准制改為備案制，外商投資企業的合同章程審批也改為備案管理。這一改革措施提高了市場的開放度和透明度。

目前，負面清單已從 2013 版過渡到 2014 版，特別管理

---

4 陳立虎，〈自由貿易試驗區的特點和立法問題〉，《法治研究》，第 10 期，2014 年 10 月，P16-18。

措施從 190 條減少到 139 條，這在與國際高標準貿易投資規則的對接方面邁出了一大步，大幅提升了開放度和透明度。

　　這些改革措施不僅促進了投資環境的優化，還為內外資企業創造了更加公平、透明的競爭環境，有助於吸引更多的外資進入，也支持國內資本走向國際市場。這樣的立法和政策設計，對於提升自由貿易試驗區的國際競爭力和促進經濟的全面發展具有重要意義。

　　截至 2014 年 9 月中旬，上海自由貿易試驗區內的外資企業數量達到 1677 家，其中包括 12 家跨國公司地區總部。這些企業中有 90%是透過備案方式設立的。新設外商投資企業占全部新設企業的 13.7%，總數比 2013 年增加了 10 倍。中國大陸企業向境外投資的審批模式發生了改變，國家部委將審批權下放至自由貿易試驗區，將一般項目的審批改為備案制，管委會在 5 個工作日內即可出具境外投資項目和企業開辦備案「意見」。根據上海市商務部的資料，自自由貿易試驗區掛牌至 2014 年 8 月底，累計完成 79 個境外投資項目的備案，中方對外投資總額達到 17.46 億美元，占全市比重的 20%左右。

　　在服務業開放方面，中國大陸國務院的「總體方案」對金融服務、航運服務、商貿服務、專業服務、文化服務及社會服務六大領域的 23 個具體行業類別進行了擴大開放，透過暫停或取消投資者資質要求、股比限制及經營範圍等准入限制措施，進一步推動服務業的開放。

　　2014 年在 2013 年 23 條擴大開放措施的基礎上，又提出了 14 條進一步擴大開放的措施，其中航運服務領域 6 條，商

貿服務領域 3 條，專業服務領域 4 條，社會服務領域 1 條。截至目前，自貿區新設立的 1.2 萬餘家企業主要集中在批發和零售業以及租賃和商務服務業，這表明服務業的擴大開放取得了顯著成效。

這些數據顯示，自由貿易試驗區的設立不僅推動了外資企業的快速增長，也有效促進了境外投資和服務業的發展。這些措施的實施，使得自由貿易試驗區在投資和貿易領域取得了顯著進展，為經濟的進一步開放和改革奠定了堅實基礎。

4.貿易型態發展之推進

從專家的角度來看，推進貿易發展方式轉變的改革措施與擴大服務業開放密切相關，主要從貿易功能深化和貿易效率提高兩個角度進行分析。

在貿易功能深化方面，上海自由貿易試驗區推出了亞太營運總部計畫，建立一批專業平台，推動新型貿易和服務貿易的發展。目前,首批20家亞太營運商已獲得集團總部授權，區內已集聚 336 家包括跨國公司地區總部、營運中心和亞太營運商在內的總部經濟企業。大宗商品現貨交易市場正在加緊籌建，保稅商品展示交易中心運作有序，進口國別中心建設順利推進，一般商品現貨交易中心建設也在積極推動中。在新型貿易方面，跨境電子商務試點工作已經啟動，「跨境通」平台正式上線運作，上線商家達 29 家。融資租賃產權交易平台啟動後，累計引進 436 家境內外融資租賃母公司和SPV 項目子公司，註冊資本總額超過 328 億元人民幣，租賃

資產總額接近 85 億美元。

　　在貿易效率提高方面，自由貿易試驗區創新了「一線放開、二線安全高效管住、區內自由」的監管制度，探索貨物狀態分類監管制度及國際貿易的「單一視窗」制度。目前，海關已推出 23 項監管服務創新舉措，上海出入境檢驗檢疫局出台了 23 項監管制度創新措施，海事部門也推出了 15 項制度創新措施。海關和檢驗檢疫部門聯動實施「一次申報、一次查驗、一次放行」，並在一線出境、二線入區環節實現通關單據無紙化，貨物入區通關時間平均縮短了 2 天。貨物狀態分類監管根據保稅貨物、非保稅貨物和口岸貨物三類不同貨物狀態進行分類監管，同倉存儲。「單一視窗」制度在海關口岸監管方面已實現部分功能的網上運作。

　　這些措施的推進，對提高貿易效率起到了顯著作用。上海自由貿易試驗區進口平均通關時間較區外減少了 41.3%，出口平均通關時間較區外減少了 36.8%。今年 1 至 8 月，上海自由貿易試驗區企業進出口貨值達 5004 億元，同比增長 9.2%，增速高於全國平均 8.6 個百分點，高於上海市平均 4.6 個百分點。

　　這些改革措施和創新舉措，顯示出上海自由貿易試驗區在貿易發展和服務業開放方面取得的顯著成效，為自由貿易試驗區的長遠發展奠定了堅實的基礎[5]。

---

5 吳黎靜，〈福建自由貿易試驗區與臺灣自由經濟示範區對接的法律問題研究〉，《海峽法學》，第 3 期，2015 年，頁 9。

二、臺灣自由貿易港區推動策略措施採取之評量

　　自上世紀 60 年代以來，臺灣地區在經濟發展過程中，推行過幾次不同程度的自由化政策。如 20 世紀 60 至 70 年代的「十九點財經改革方案」，建立貨幣、債券、外匯等現代金融市場；20 世紀 80 年代推動經濟「自由化、制度化、國際化」，解除外匯管制，開放外資；20 世紀 90 年代大幅鬆綁資金流、人流、物流的限制，推動服務業自由化，並於 2002 年加入 WTO。

　　2003 年開始，面對內外日趨嚴峻的挑戰，臺灣提出了建立自由貿易港區的構想，包括臺北港、臺中港、高雄港、基隆港、桃園航空城等陸續建立「6 海 1 空」7 大領域。在建設自由貿易港區的過程中，為了突破現行法規對於貨物及人員進出的限制，臺灣地區採取制定專法「自由貿易港區設置管理條例」的形式對自由貿易港區進行規範，並陸續透過了「自由貿易港區申請設置辦法」、「自由貿易港區協凋委員會設置作業要點」、「自由貿易港區貨物通關管理辦法」、「自由貿易港區事業營運管理辦法」、「自由貿易港區入出及居住管理辦法」等一系列法規，建立了單一視窗管理、貨物進出自由以及簡化國際商務人士進出境等制度，保障了自由貿易港區的有效運作。

　　臺灣目前所推動自由貿易港區的設置是「挑戰 2008：國家發展重點計畫」所列重要計畫之一，是配合企業「全球佈局、深耕臺灣」需要設計。規範自由貿易港區運作的「自由

貿易港區設置管理條例」，於 2002 年 10 月 1 日由行政院
函請立法院審議，在 2002 年 12 月 23 日獲立法院經濟及能
源、交通、財政等三委員會聯席會議審查透過。根據已審峻
條文，已獲高度共識議題包括：自由貿易港區將提供單一服
務視窗、廠商自主管理、以及商品自由進出等。

　　「自由貿易港區」主要目的及定位為：1.延伸「全球運
籌發展計畫」既有成果；2.迎接亞太鄰近國家積極設置自由
貿易港區之挑戰；3.鬆綁現行轉口、加工再出口管制作業；
以及 4.活絡港口、機場相關範圍營運效益。國發會強調，規
劃中「自由貿易港區」最大特色，著重貿易層次程式簡化，
規劃提供區內貨物自由流通，免除關務行政及通關申報，以
及在區內從事商務活動之外籍商業人士 72 小時落地簽證等
優惠。

　　臺灣行政院第 2805 次院會透過「自由貿易港區設置管理
條例草案」，在 2003 年 7 月 23 日經立法院委員會審竣透過
條例公佈實施，分為總則、港區之劃設及管理、貨物自由流
通、港區事業主管理、租稅措施、入出境及入出區之許可、
罰則及附則八章，計四十三條，揭示自由貿易區第一章總則
第一條規定：「為發展全球運籌管理經營模式，積極推動貿
易自由化及國際化，便捷人員、貨物、金融及技術之流通，
提升國家競爭力並促進經濟發展，特制定本條例」。

　　所謂自由貿易港區：「指經行政院核定於國際航空站、
國際港口管制區域內；或毗鄰地區劃設管制範圍；或與國際
航空站、國際港口管制區域間，能運用科技設施進行周延之
貨況追蹤系統，並經行政院核定設置管制區域進行國內外商

務活動之工業區、加工出口區、科學工業園區或其他區域」(同
條例第三條第一款)。

國際港口：指國際商港或經核定準許中華民國船舶及外
國通商船舶出入之工業專用港(同條例第三條第四款)。至於
進駐事業自由港區事業：指經核准在自由港區內從事貿易、
倉儲、貨櫃（物）之集散、轉口、轉運、承攬運送、報關服
務、組裝、重整、包裝、修配、加工、製造、展覽或技術服
務之事業（同條例第三條第二款）。自由港區事業以外之事
業：指金融、裝卸、餐飲、旅館、商業會議、交通轉運及其
他前款以外經核准在自由港區營運之事業（同條例第三條第
三款）。

臺灣行政院國發會表示，自由貿易港政策推展順利，
「6 海 1 空」申設完成，全面啟動，且港區招商作業逐漸開
展，包括萬海航運、陽明海運、好好物流等都分別在高雄港
及基隆港取得營運許可，可達成招商二十家的目標，可謂成
果豐碩[6]。

1.組織職能運作之轉變

自由貿易港區在組織調整時需考慮多方面因素，包括現
有自由貿易港區組織運作與法令規定的整合、各目的事業主
管機關的權責與分工情況、海港與空港辦理方式的差異、港
區事業與非港區事業管理的問題，以及交通部門組織體制與

---

6 楊鈺池，〈自由貿易港區背後腹地開發成功評量要因之分析：以模糊
　多準則決策法之應用〉，《運輸計劃季刊》，第 38 卷第 2 期，2009
　年 6 月，頁 122-123。

未來政府組織的變革等內容。

（1）短期發展議題與方向

　　在短期內，以組織變動最小為原則，利用現有的海關、加工出口區、科學園區等單位的人力支援，統籌在各港務/民航機關下委任管理，或以建立協調機制的方式推動自由貿易港區的業務。這種方式的組織設置簡單、方便，但指揮權責不明，管理效率較差。跨部會的協調事項需提送行政院協調委員會處理，但協調成效不佳。

（2）中期發展議題與方向

　　在中期內，可以成立臨時性專責單位，所需人力由各單位共同派駐配合，指導並協調處理各空港與海港的自由貿易港區業務推動。這種方式不增加人力，不需修正組織條例，較為可行。臨時性機構具有行政服務與監督管理等業務功能，但各單位人力支援調度困難，無法統一事權，指揮效率也不高。

（3）長期發展議題與方向

　　在長期內，應採取行政與營運分離的方式設置專責單位。這需要修正交通部組織條例，成立專責組織單位，調整港區的人力編制與業務權責，使港區管理一致化。行政與營運分離的專責港區管理機構，能夠著重於單一視窗的行政服務，使各單位的角色不致混淆，有助於自由貿易港區的發展與推動。

　　這些短中長期的組織發展議題與方向，從不同層面考量

了自由貿易港區的運作需求，提出了切實可行的組織調整方案，以期能更好地推動自由貿易港區的發展，提升其運營效率和管理水準[7]。

2.法規命令管制之鬆綁

法令之制定受限於政府體制與許多層面。政府在參酌國內學者與企業廠商意見之餘，應可多參考國外法令制定之作法並去蕪存菁。自由貿易港區亦可往民營化之方向發展，除了可提升本體資金與資源運用程度，政府制定法令時也可較不受公家體系之影響。以香港為例，政府給予自由貿易港區營業者高度自主管理空間，並盡量減少法令之干預，使其在稅賦與通關通報等業務上具有相當程度之競爭優勢；民間營業者彼此之競爭同時也有助於自由貿易港區本身之成長[8]。

臺灣自由貿易港區立法及管理制度的主要特點如下：

（1）簡潔開放的投資準入制度

臺灣地區對外商投資採取負面表列方式，其中限制投資之細類業別僅有 30 類，禁止投資之細類業別僅有 14 類。自由貿易港區已經從貿易領域的開放轉向投資、服務等更高層次領域的開放。第一階段重點推進高附加價值的高端服務業，優先推出 4 項優先示範產業，包括智慧運籌、農業加值、國際醫療及產業合作，但優先示範產業是"4＋N"的概念，不

---

7 周宏彥、呂錦隆，〈自由貿易港區組織變革之探討〉，P80。

8 林子堯，〈ECFA 簽署後臺灣航空自由貿易港區之解析與發展策略〉，《船舶與海運通訊》，第 104 期，2012 年 8 月，P3。

局限在這4項產業範圍，未來只要符合前瞻性、自由化及國際化的理念，都可滾動納入。

（2）管理體制的「最小變動原則」

　　自由貿易港區既是一個行政區域，又是一個具有經濟實體性質的經濟區域。因此，臺灣從設立自由貿易港區開始，對管理機構的設置都充分尊重並體現了這種雙重性，堅持「最小變動原則」，儘量避免行政管理機構對經濟運行的過多干預。根據臺灣自由貿易港區設置條例，「中央」層面，行政院下成立一由相關部、會組成的跨部會的「協調委員會」；「地方」層面，由「協調委員會」再指定港區管理機構。這種管理組織的架構，僅「中央」層面建立協調機構，地方層面並未增設管理機構，而是選定原有機構擔任，這樣就避免了因設區而大量增設機構的狀況，不僅最大限度地降低組織變動的成本，減少了設區對原有管理模式的影響，而且賦予了所在地自主選擇管理機構的權力，大體上可謂是「雙層管理體制」。

（3）靈活高效的事中事後監管制度

　　建立寬鬆便利的投資准入制度的同時，建立了頗具特色的事中事後監管制度：

　　A.是分級監管制度

　　海關可以根據企業的信用等級情況，就通關、盤點、查核及其他管理事項採取分級管理措施。其分級管理標準、方式、各級管理措施及其他事項之辦法，由財政部會商主管機

關定之。

B.是貨物審驗負面清單制度

貨物除對國家安全、國民健康或國際承諾有重大不良影響外，得免簽證或核准。

C.是集中申辦制度

辦理通關之貨物，得經海關核准以按月彙報方式辦理。

D.是遠端稽核制度

設置電子帳冊，並與海關電腦連線，辦理貨物進儲、移動、領料、用料、委（受）託業務及其他帳務處理事項，供海關遠端稽核。

E.是無間斷服務制度

貨物之通關、簽證或核准機關，提供夜間及假日申辦通關、簽證或核准。

F.是善意免罰制度

貨物放行前或放行之翌日起六月內因申報錯誤申請更正報單，而其申請更正時尚未經海關核定應驗貨物、發現不符、接獲走私密報或通知事後稽核者，免罰。

G.是梯次處罰制度

帳冊記載不實，屆期未改正的，按次處罰；處罰三次仍未改正者，海關可以停止其六個月以下進出口業務；情節重大的，得廢止許可。

（4）較大的「法規鬆綁」力度

　　自由貿易港區從設立之初，就十分重視處理港區法令與現行法規相衝突的問題。自由貿易港區建設第一階段的主要任務就是鬆綁行政命令與辦法，目前已針對需要修改的行政法規已進行修訂。自由貿易港區建設進入第二階段後，重點推進相關「法律」的鬆綁。其他配套法令的配套制定／詳細執行方案的落實。

（5）其他相關法令的競合

　　相關法令有土地法、商港法、促進產業升級條例、加工出口區設置管理條例、科學園區管理條例、外國護照簽證條例、臺灣地區與大陸地區貿易許可辦法、關稅法、貿易法、商品檢驗法等，每一個法令掌管的都是不同的管制區域和程式內容，保稅區之間的稅賦優惠、貨物流通或進出口物品……等，都將有許多差異待遇產生，各類保稅區之間將有許多競合介面問題。目前以自由貿易港區的優惠最優，未來執行上仍需要許多的法令調整，有些法令需加以整合，成為可以接軌與統一的區域；然這將涉及管轄政府機關的組織再造問題，非短期間可完成改造，所以法令競合的混亂情況恐需配合政令於新組織執行時併同解決[9]。

　　近年來，為了落實行政院「鬆綁、開放」的施政主軸，國發會積極與相關部會檢討並改進運籌物流相關法規，旨在促進臺灣運籌物流的環境優化。至今已有多項法規達成共識

---

9 王百合，〈自由貿易港區的設置與影響〉，《台肥月刊》，第 44 卷第 1 期，2003 年 1 月，頁 30-33。

並進行了鬆綁。

在已完成的法規鬆綁方面，政府落實了「自由貿易港區按月彙報傳輸之流程簡化」、「桃園航空自由港區事業製造業申請外勞法制化」、「物流中心外銷勞務通用管業稅零稅率」等三項具體措施。

此外，經過跨部會及與業者的密集討論，其他多項物流法規也獲得了原則性的鬆綁共識。例如：「轉口貨櫃通關作業簡化方案」、「轉口櫃加裝業務改為備查」、「自由港區委外加工之原物料得退稅」、「物流中心設置分支之保證金調降」、「保稅倉庫設置之放寬」、「物流中心貨物進出課稅區採按月彙報」、「保稅倉庫採按月彙報」、「國際物流控股公司之設立」等。

這些法規在短期內完成鬆綁，有助於業者更便捷地申請和運營。物流法規的鬆綁，擴大了運籌物流的發展空間，提升了產業的競爭力，並為臺灣運籌物流環境的持續改善提供了強有力的支持[10]。

3.投資領域範圍之擴大

建立一個完善且全方位的自由貿易港區，才能吸引更多國際知名廠商進駐，而不僅是促進本國物流和貨物承攬業等相關產業的轉型。當更多國際資金流入或根留臺灣時，將會創造更多就業機會，並透過磁吸效應，使臺灣這個多港的海

---

10 林玲煥，〈由公共政策觀點探討我國自由貿易港區之政策〉，《港灣季刊》，第 98 期，2014 年 6 月，P37。

島國家在國際經濟舞台上立於不敗之地。

　　近年來，臺灣深受國際景氣和產業結構變化的影響。根據調查，業者對進駐自由貿易港區的投資意願較為保守，企業在自由貿易港區內投資時，最重要的考量因素是生產和成本。專家建議，在招商條件上應提供適當的優惠，以降低企業的營運風險和成本。

　　尤其是在勞動和土地租金成本方面，這是影響廠商進駐投資意願的重要因素。如果能保持適度的彈性調整租金，以反映市場現況並降低業者成本，將有助於提升業者的投資意願。

　　這些措施不僅能促進更多國際企業進駐，還能提升自由貿易港區的競爭力，進一步推動臺灣經濟的持續發展。這樣的策略將使臺灣在全球經濟體系中獲得更大的影響力和穩定性[11]：

（1）健全投資制度與獎勵措施，係指我國提供自由貿易區進駐業者免徵貨物稅，並對於企業提供減免營利事業所得稅或其他稅制，甚至包括其他優惠獎勵措施，皆仍待修正更趨完備。

（2）對投資企業的法人稅、附加價值稅、地方稅等之減免，係指在臺灣自由貿易港區優惠措施，仍限定於貨物相關稅賦減免。反觀，日本與韓國除提供貨物相關稅賦優惠

---

11 呂錦山，〈臺灣發展自由貿易港區之建議〉，《船舶與海運通訊》，第 3 期，2004 年 3 月，P.12。

之外，皆提供企業在法人稅、所得稅、取得稅、登記稅以及財產稅方面減免，此等優惠措施相信能夠提高業者進駐意願。

（3）區內貨物免徵關稅與附加價值稅，係指自由貿易區仍屬於保稅區域一種，對於該區內流通貨物或加工貨物，免課徵貨物稅或附加價值稅。

（4）對投資企業提供金融支援，係指政府對於進駐業者協助取得低利融資貸款，讓業主能夠善用融資管道推展業務。譬如可參考日本提供企業債務保證度、信用保險以及低利融資，協助企業取得營運資金週轉，相信比較實惠[12]。

4.貿易型態發展之推進

發展物流、轉運、加工、製造、組裝、重整、包裝、修配，海空聯運等行業，以提高貨物整體運輸價值。主要乃鼓勵從事貿易、深層加工等業務，即「自由貿易港區」偏向「自由貿易區」，有別於以運輸、簡易加工為主之「自由港區」。行政院推動自由貿易港區制度之際仍是增強物流功能之絕佳機會，應加以珍惜，並努力爭取將「自由港區」之精神納入「自由貿易港區」之中，除可消極地避免影響既有之轉運功能之外，更可積極地強化國內港埠之物流功能，進而朝向「物

---

12 楊鈺池，〈自由貿易港區背後腹地開發成功評量要因之分析：以模糊多準則決策法之應用〉，P137-138。

流港」發展[13]。

（1）可從事多項業務：貿易、倉儲、物流、貨櫃(物)之集散、轉口、轉運、承攬運送、報關服務、組裝、重整、包裝、修配、加工、製造、展覽或技術服務等。

（2）營運空間較現行物流中心寬廣：享有關務作業調整、租稅優惠、經營業務範圍擴大、貨物存儲時間不受限制及可僱用外勞等有利經營之措施，營運空間較現行物流中心業者寬廣。

（3）可結合境外航運中心作業功能，進行各項加值作業[14]。

---

13 陳春益，〈港埠發展與自由貿易港區〉，《船舶與海運通訊》，第 21 期，2005 年 9 月，P2-3。
[14]李樑堅、陳昭宏、黃茂祥，〈自由貿易港區設立對提昇高雄港競爭力之影響〉，《公共事務評論》，第 7 卷第 2 期，2006 年 12 月，P34。

陸、上海自貿試驗區與臺灣自由貿易港區合作推動方案之形勢評估

一、組織職能運作之對比調整

國外自由貿易區的管理體制大致可劃分為三種類型：政府主導型、經政府授權的企業主導型、政府－企業過渡型。

1.政府主導型是指由政府部門直接對自由貿易試驗區承擔管理職責。比較典型的例子是巴西自由貿易試驗區的管理體制。

1967 年 2 月 28 日，當時的巴西總統卡斯特羅·布朗庫簽署了第 288 號法令，正式批准建立瑪瑙斯自由貿易區。根據該法令，瑪瑙斯自由貿易試驗區正式成立，面積達 1 萬平方公里，包含工業中心、免稅商業中心和農牧發展區三部分。第 288 號法令還設立了瑪瑙斯自由貿易區管理委員會，這是巴西自由貿易試驗區的最高管理機構。

瑪瑙斯自由貿易區管理委員會是巴西聯邦政府的派出機構，隸屬於巴西發展部和工業與對外貿易部，其負責人（總監）與州長平級，由總統直接任命。該委員會總部位於瑪瑙

斯市，具有獨立的法律地位，享有獨立的財政和行政權。

瑪瑙斯自由貿易區管理委員會的主要職責包括制定瑪瑙斯自由貿易試驗區的發展方針和政策，審批發展專案與進口計畫，分配進口配額，並協調整個西亞馬遜地區的發展。其最重要的職責是管理和審批，自由貿易區內企業的優惠政策。

管理委員會下設四個局：

（1）計畫局：負責審批各項進口配額指標，如機器設備、零配件免稅進口的配額等，代表計畫部在自貿區行使國家權力，權限最大。

（2）營運局：負責企業的註冊、審批、運作和管理。

（3）管理局：負責內部行政管理以及員工教育和培訓等事務。

（4）其他事務局：負責自由貿易試驗區發展的其他事務。

這些機構的設置和職責分工，確保了瑪瑙斯自由貿易區的有效運作和管理，使其能夠吸引更多國際知名廠商進駐，促進當地經濟的發展。

2.採用經政府授權的企業主導型管理體制的代表是美國。

美國對外貿易區的管理體制分為兩級：

（1）全國性的管理體系

首先，是全國性的管理體系。美國對外貿易區的主管政府部門為對外貿易區委員會，該委員會由商務部部長、財政部部長及其指定的人選組成。商務部部長擔任委員會主席，並有權任命執行秘書（主要的執行官員），負責對外貿易區的申請審核、協調和監督。

海關與邊防局是主要的執法機構，負責對進出對外貿易區的貨物進行監管、徵收關稅，並確保海關手續符合法律法規的規定。此外，對外貿易區委員會還需與美國郵政局、衛生局、移民與規劃局以及貿易區所在地的州、市的警察、衛生等部門合作，以開展對貿易區的管理工作。

（2）對外貿易區內部的管理體系

其次，是對外貿易區內部的管理體系。這一級主要以被授權人和運營人為主體。被授權人是被授予對外貿易區設立、經營和管理權的公共公司或私人公司。這些公司依據對外貿易區委員會的授權，執行部分政府管理職能，例如貫徹聯邦、州及海關邊防法規政策，並按照公共事業原則對對外貿易區和使用者進行管理運營。公司、合夥和個人（使用者）透過與被授權人達成協議，得以利用對外貿易區從事進出口、儲存和加工貨物。

美國在這管理體制下，第一級主要體現政府的監管職能，而第二級則體現市場的監管職能。這種雙層管理體制的設計，確保了對外貿易區能夠在政府嚴格監管和市場高效運

營之間取得平衡。政府監管機構確保法律法規得到嚴格執行，維護國家安全和經濟秩序；而被授權的公共或私人公司則根據市場需求靈活運營，提供高效的服務，吸引更多企業進駐對外貿易區。

　　此外，這種體制還強調多部門協作，確保對外貿易區的運作能夠順利進行。透過多部門的密切合作，不僅能提高管理效率，還能為進駐企業提供更為便利的環境，進一步促進對外貿易區的發展。

　　這一管理模式的成功經驗，也為其他國家在設立和管理自由貿易區時提供了有價值的參考。透過借鑒美國的做法，可以幫助其他國家在平衡政府監管與市場運營方面取得更好的成效。

　　3.採用政府：企業過渡型管理體制的代表是新加坡。

　　依據新加坡自由貿易園區法律規定，總理可指定任何法定機構、政府部門或公司負責管理、運營自由貿易試驗區。此外，總理還可指定自由貿易試驗區諮詢委員會，就自由貿易試驗區相關事項提供諮詢。目前，新加坡的 8 個自由貿易試驗區由 3 家企業負責管理，包括布拉尼貨物集散站、岌巴集散處、巴西班讓貨物集散站、三巴旺碼頭、丹絨巴葛貨物集散站、岌巴貨物集散站、裕廊海港、新加坡機場物流園和樟宜機場航空貨運中心。

　　新加坡自由貿易園區管理架構：

　　（1）新加坡港務集團：負責管理前 5 個自由貿易試驗區，包括布拉尼貨物集散站、岌巴集散處、巴西班讓貨物集

散站、三巴旺碼頭和丹絨巴葛貨物集散站。新加坡港務集團有限公司的前身是成立於 1964 年的新加坡港務局。1997年 8 月 25 日，新加坡國會透過法案，將港務局改組為新加坡港務集團有限公司，並於同年 9 月 1 日開始運作，該公司由新加坡官方全資擁有的淡馬錫控股。2003 年 12 月，新加坡港務集團有限公司再進行重組，成立新加坡國際港務集團，並定位為「全球性的港埠經營公司」，不僅經營新加坡港的港埠事業，還積極參與全球的投資與聯營，包括在中國大陸、印尼、印度、越南、韓國、義大利及香港等地的港口均有合作或投資關係。

（2）裕廊海港私人有限公司：管理裕廊海港，該自由貿易試驗區設立於 1969 年，是新加坡的第一個自由貿易試驗區。裕廊海港私人有限公司專注於裕廊海港的管理和運營，確保其在物流和貨物處理方面的效率和競爭力。

（3）樟宜機場集團：管理新加坡機場物流園和樟宜機場航空貨運中心，專注於航空貨運和機場物流服務，提供高效的航空貨物處理和物流解決方案。

這種由多家企業分別管理自由貿易區的模式，使新加坡能夠充分利用不同企業的專業知識和資源，提高自由貿易區的運營效率和競爭力。各自由貿易區管理機構不僅負責日常運營，還致力於創新和提升服務質量，為進駐企業提供更好的營商環境。此外，新加坡自由貿易園區的運營模式也有助於吸引更多國際知名企業進駐，進一步促進新加坡經濟的發展。

新加坡自由貿易園區的管理模式，透過政府和企業的緊

密合作，建立了一個靈活高效的運營體系，這不僅提升了新加坡在全球物流和貿易中的地位，還為其他國家和地區提供了寶貴的經驗和參考範例[1]。

根據臺灣自由貿易港區設置條例規定，自由港區內的行政事務由自由港區管理機構主管。自由港區設在國際港口（空港、海港）或在出口加工區、科學園區等特殊區域內，該區域的管理機構就被核准為自由港區管理機構。設立在其他區域的，則需由主管部門確定一個機構為自由港區管理機構，這種情況下，根據自由貿易港區設置條例第 9 條的規定，要徵詢地方政府和財政部的意見，獲得初步審核同意後方能確定。

至於上海保稅港區作為海關特殊監管區域的一種，是由地方政府設立區域管理委員會統一負責區域行政管理和協調事宜，事實上是地方政府的行政管理區域。保稅港區的管委會在管理的法律許可權方面比較有限，尤其是保稅港區的法律政策一般都需中央各主管部門制定，這就需要管委會進行比較辛苦的協調工作。

從確立自由港區管理機構作為港區管理者身份的角度來分析，臺灣自由貿易港區管理機構被賦予的事權比較充分，從體制上確保了行政管理便利化理念的落實。根據自由貿易

---

1 韓永紅，〈國外主要自由貿易園區及其法律規制：評析與啟示〉，《政法學刊》，第 32 卷第 4 期，2015 年 8 月，P38-40。

港區設置條例第 10 條，管理者基本上獲得了與之相適應的許可權。

自由貿易港區設置條例第 13 條明確要求稅務、海關、檢驗檢疫、員警、金融、郵電以及電力和給水等公用事業在自由港區派出分支機構或專人辦理相應業務，並配合自由港區管理機構的運作管理，地方政府為此往往作了較大的投人[2]。

二、法規管制項目之檢視比較

中國大陸現已透過並開始實施的「中國大陸(上海)自由貿易試驗區條例」包括總則、管理體制、投資開放、貿易便利、金融服務、稅收管理、綜合監管、法治環境和附則等九章 57 個條文。同時也對於負面清單之外的外商投資暫停實施外資企業法、中外合資經營企業法、中外合作經營企業法等 3 部法律的有關規定，暫時停止實施文物保護法的有關規定，時間為 3 年。

至於臺灣地區對自由貿易港區之管理採取制定專法「自由貿易港區設置管理條例」的形式對自由貿易港區進行規範，並陸續透過了「自由貿易港區申請設置辦法」、「自由貿易港區協凋委員會設置作業要點」、「自由貿易港區貨物通關管理辦法」、「自由貿易港區事業營運管理辦法」、「自

---

2 魏德紅，〈保稅港區與自由貿易港區的依法合作：基於 ECFA 時代〉，《中共山西省委黨校學報》，第 36 卷第 4 期，2013 年 8 月，P90。

由貿易港區入出及居住管理辦法」等一系列法規，建立了單一窗口管理、貨物進出自由以及簡化國際商務人士進出境等制度。

其他相關法令有土地法、商港法、促進產業升級條例、加工出口區設置管理條例、科學園區管理條例、外國護照簽證條例、臺灣地區與大陸地區貿易許可辦法、關稅法、貿易法、商品檢驗法等，每一個法令掌管的都是不同的管制區域和程式內容，保稅區之間的稅賦優惠、貨物流通或進出口物品……等，都將有許多差異待遇產生，各類保稅區之間將有許多競合介面問題。目前以自由貿易港區的優惠最優，未來執行上仍需要許多的法令調整。

三、投資領域項目之內容差異

中國大陸上海自由貿易試驗區之投資領域改革的核心內容是「准入前之國民待遇+負面清單」，營造內外資企業平等准入的市場環境，負面清單之外的領域，外商投資項目由核准制改為備案制，外商投資企業合同章程審批改為備案管理。目前，負面清單已從 2013 年版（負面清單按照中國《國民經濟行業分類及代碼》2011年版分類編制，包括製造、電力、建築、批發零售、交通運輸、資訊傳輸、金融、租賃商務、科學研究、教育、文化娛樂等 18 個行業門類）計有 190 條特別管理措施，直至 2018 年版（《市場准入負面清單 2018 年版》，共有禁止准入類 4 項、許可准入類 147 項，一

共有 151 個事項、581 條具體管理措施，在金融、基礎設施、交通運輸等多個領域推出了開放舉措）計有 45 條特別管理措施。外商投資負面清單長度已從當初 190 條縮短到如今的 45 條，並逐步開始在文化、資源、種業、電信等領域進行壓力測試。相信不久後會推廣至全中國。因此，在與國際高標準的貿易投資規則對接方面邁出了一大步，開放度和透明度大幅提升。

臺灣為吸引外資投資及擴大投資領域，例如對於從事貿易、倉儲、貨櫃（物）之集散、轉口、轉運、承攬運送、報關服務、組裝、重整、包裝、修配、加工、製造、展覽或技術服務之事業及自由港區事業以外之事業（指金融、裝卸、餐飲、旅館、商業會議、交通轉運及其他前款以外經核准在自由港區營運之事業），特別提供自由貿易區進駐業者免徵貨物稅，並對於企業提供減免營利事業所得稅或其他稅制，甚至包括其他優惠獎勵措施。

四、貿易型態發展之推進方向

中國大陸對於貿易型態發展之推進轉變的改革措施，和擴大服務業開放有關聯，這裏主要從貿易功能深化和貿易效率提高的兩個方向進行。

在貿易功能深化方面，自由貿易試驗區推出亞太營運總部計畫，搭建一批專業平台，推動新型貿易和服務貿易發展。

大宗商品現貨交易市場正在加緊籌建，保稅商品展示交

易中心有序運作，進口國別中心建設順利實施，一般商品現貨交易中心建設積極推進。新型貿易。

　　方面啟動跨境電子商務試點工作，「跨境通」正式上線運作，融資租賃產權交易平台啟動後。

　　在貿易效率提高方面，創新「一線放開、二線安全高效管住、區內自由」監管制度，探索貨物裝填分類監管制度，以及國際貿易的「單一視窗」制度。

　　反觀臺灣自由貿易港為增強物流之功能，除可消極地避免影響既有之轉運功能之外，更可積極地強化國內港埠之物流功能，進而朝向「物流港」發展。

　　另外尚可享有關務作業調整、租稅優惠、經營業務範圍擴大、貨物存儲時間不受限制及可僱用外勞等有利經營之措施，營運空間較現行相關業者寬廣。

柒、上海與臺灣自由貿易港區合作機制之最佳策略建構

　　對於國際談判的研究，一般區分為「分配型談判」（distributivenegotiation）和「整合型談判」（integrative negotiation），前者屬於「零和賽局」（zero-sum game）模式，而後者屬於「非零和賽局」（non-zero-sum game）模式。兩岸談判基於主權議題的特殊性，多數的臺灣學者將事務性質的談判歸類為合作型談判，將政治性質的談判歸類為競爭型談判，而對大陸方面而言，基於「中國大陸統一」的目標與認知，兩岸談判並不存在競爭型或對抗型的談判，所有談判類型均應屬於一種「融合型（生產性）」的談判[1]。

　　兩岸間之談判在前總統馬英九先生以「九二共識」的基礎上，暫緩主權爭議，以「不統、不獨、不武」的原則，期望重建兩岸政府之間，自 1996 年之後即已喪失的互信，並重啟兩岸協商之門；另一方面，胡錦濤也在連胡會五項共識的基礎上，建構其十六字箴言「建立互信，求同存異，擱置

---

[1] 袁鶴齡、沈燦宏，〈動態的臺海兩岸談判：雙層賽局與認知因素研究〉，《東吳政治學報》，第 32 卷第 3 期，2014 年，P177。

爭議，共創雙贏」的互動原則。

　　換言之，為確保兩岸協商能持續進行，雙方均採和緩、穩當、循序漸進的避險型認知，故容易形成共同認知焦點：即達成 19 項協議[2]。

　　兩岸有關自由貿易區之政策機制一直是持續進行中，隨著市場規模的變化而更加靈活和實惠。尤其是與臺灣隔海的上海自由貿易試驗區，除了國家給予兩岸通商貿易的政策外，上海更是陸續提出許多措施以提高兩岸貿易通商便利的程度。

　　其實，兩岸自貿政策一旦經貿交流達到一定規模，政策互動就愈顯彈性。此外，上海自由貿易試驗區是目前中國大陸自由貿易區政策功能最為接近、開放層次最高、功能最齊全、政策最優惠的海關特殊監管區域，具有離岸、物流、加工三大主要功能，可享受保稅區、出口加工區、保稅物流園區相關的稅收和外匯管理政策。一旦正式對接開放運營，就能在政策功能和性質定位上與隔海相望臺灣自由貿易港區對等，實現兩區業務實質性地對接[3]。

一、合作事項之談判策略

　　兩岸談判的關鍵性因素比較揭示了，不論是國際結構因

---

2 袁鶴齡、沈燦宏，頁 213。
3 羅凱、束朝暉，〈福州保稅港區(籌)與臺灣自由貿易港區業務對接研究〉，《中國大陸港口》，第 11 期，2012 年 11 月，P45。

素、國內政治因素或是國家領導人的認知因素，這些因素之間的互動均會對各時期的兩岸經貿談判結果產生不同程度的影響。影響層面的深淺主要取決於以下幾個因素：

1.共同利益之多寡

影響兩岸談判共同利益大小的結構因素主要是權力因素。權力的不對稱性會影響談判總體利益的增加或減少，從而形成「友善」或「敵對」的關係。當雙方處於友善關係時，總體談判利益增加，有利於雙方談判的進行；反之，當關係敵對時，則不利於談判的進展。

2.協議區間的大小

協議區間的存在與否是雙方達成協議的必要條件。協議區間越大，不一定意味著談判的獲益就越高，但確實增加了雙方達成協議的機率。因此，擴大協議區間能夠提高談判成功的可能性。

3.協商時間的長短

兩岸談判是一種二次雙層賽局模式，其進程具有動態性，存在先後的順序。協商時間的長短通常取決於雙方的認知態度。若雙方皆為避險型的弱認知者，只要對利益達成共識，即可迅速達成合作；若雙方皆為冒險型的強認知者，則需要經過內化過程才能達成共識，故談判時間較長[4]。

基於上述分析，談判策略應考慮以下三項：

1.總體結構權力的不對稱性：在總體結構權力不對稱

4　袁鶴齡、沈燦宏，〈動態的臺海兩岸談判：雙層賽局與認知因素研究〉，P216-219。

下，需關注兩岸關係是友善還是敵對。

　　2.議題結構的分離：在兩岸自由貿易試驗區談判中，應考慮是否能將主權爭議問題區分出來，以避免影響經貿合作的進程。

　　3.合作談判議題的多寡：自由貿易試驗區合作談判議題的多寡也會影響談判的進展和成果，議題連結數目越多，合作的可能性越大。

　　在實際操作中，這些因素的動態平衡至關重要。決策者需在具體情況下靈活應對，尋找最大化雙方利益的方案。同時，在談判過程中保持透明度和溝通，增強互信，以促進談判的順利進行和達成合作共識。

　　這些策略不僅能有效應對談判過程中的挑戰，還能為兩岸經貿合作創造更穩定和有利的環境。透過合理運用談判策略和技巧，兩岸可以在經貿合作中取得更大的進展和成功。

二、合作協議之簽署機制

　　中國大陸在簽署兩岸合作協議時，有時會夾帶議題以達成其目的。例如，90 年代兩岸兩會在協商遣返偷渡犯時，中方初期使用「違反雙方相關規定，進入對方區域之人民」來描述偷渡犯，這其中即夾帶了一些議題。因此，臺灣方面在審視協議條文時必須特別謹慎。

　　中國大陸在運用媒體方面也日益嫻熟，常常利用臺灣媒體激烈競爭的特性，刻意釋放訊息，型塑有利的輿論氛圍；

有時亦選擇性釋放訊息給特定對象。例如，在第三次「江陳會談」中，中國大陸媒體率先公佈部分協議內容，導致臺灣提出嚴正抗議。這些策略表明，中國大陸善於運用媒體影響談判進程和結果。

在簽署機制和任務分工方面，目前協商的簽署模式是由各部會依其專業擬定議題，然後由海基會進行協商工作。一般而言，專業人員扮演技術性的角色，而海基會應扮演斡旋者的角色，負責爭取彈性空間。

在協商準備流程方面，各部會應根據專業考量擬定協商議題，並列出優先順序。例如，涉及民間業者的部分，應彙整業者的意見，逐步擬定方案後，函送陸委會進行通盤考量和決定。有些涉及跨部會的業務，應經由相關單位的溝通協調後，擬定整套方案。陸委會會召集主管機關及海基會研提議題細節架構。

需要特別說明的是，隨著未來協商議題越來越複雜和專業化，海基會人員不可能瞭解所有議題的細節事項。因此，各部會在依據專業設定協商議題的同時，也需要就該議題的重要性及可能影響，擬定對外說明資料或說帖，以爭取社會民意的支持。

至於無需海基會與海協會出面協商的議題，可以由兩會搭建橋樑，讓兩岸的負責單位直接聯繫，這樣能提高協商效率並減少不必要的誤解和摩擦。

這樣的運作模式，既能充分利用專業部門的專業知識，又能透過海基會的斡旋，確保協商的靈活性和有效性。同時，在面對中國大陸夾帶議題和利用媒體的策略時，臺灣應該加

強內部協調和對外說明，以保持談判的主動性和透明度。這不僅有助於提升協商的質量，也能增強民眾對協議的信任和支持[5]。

三、事務平台之建構協商

　　兩岸在經濟性和事務性方面的協商談判歷經長久交涉，已取得重大突破，這標誌著兩岸協商、談判和對話將進入新階段。拓展與深化兩岸協商、談判和對話議題，已成為兩岸執政當局必須面對的問題。

　　1.兩岸關係的曲折經驗與教訓

　　過去 30 年來，兩岸關係發展的曲折經驗與教訓表明，不斷增進與擴大兩岸政治互信基礎，對拓展與深化兩岸事務性協商、談判和對話尤為重要。因此，兩岸雙方都應以最大的誠意和積極的作為，來不斷增進與擴大政治互信基礎。鑒於目前政治環境特點，應以循序漸進、逐步累積的方式，來增進與擴大兩岸經濟合作基礎。

　　2.原則立場

　　基於此,現階段兩岸未來首先應回到旗幟鮮明地堅持「臺灣和大陸同屬一個中國，中國的主權和領土完整不容分割」

---

5 行政院大陸委員會『務實與開展』大陸工作研習會專題演講記錄，高孔廉，〈兩岸協商策略與實務〉，2009 年 5 月 22 日。

的原則立場。這一原則立場將為兩岸經濟合作提供穩定的政治基礎。

3.制度化協商談判的成果

兩岸兩會曾經各自不辱雙方使命，透過制度化的協商談判，基本上解決了兩岸交流和經濟合作中的主要問題。從這個角度看，兩岸建構自由貿易區事務平台協商，可交由專門組成的「兩岸自由貿易區合作委員會」來執行。這一委員會可以專注於自由貿易區相關事務的協商與談判，確保各項議題得到專業、有效的處理。

對於未來兩岸自由貿易區協商談判將以什麼樣的力度推動，會朝哪一個方向發展，已成為關心兩岸經濟合作議題的人所關注的目標。專家認為，應該制定明確的合作目標和路線圖，逐步推動兩岸自由貿易區的建設與發展。在這個過程中，需要注意以下幾點：

1.政策穩定性與連續性：保持政策的穩定性與連續性，避免因政治變動而對經濟合作造成負面影響。

2.利益共享機制：建立健全的利益共享機制，確保雙方在經濟合作中都能獲得實實在在的利益。

3.風險防控機制：設立風險防控機制，提前預測並有效應對可能出現的風險，保障合作的順利進行。

4.透明度與資訊公開：提高透明度與資訊公開程度，增強公眾對兩岸合作的信任與支持。

兩岸在自由貿易區合作中應更多地考慮國際經貿環境的變化，積極應對全球化帶來的挑戰與機遇。同時應加強與其

他經濟體的合作，提升自由貿易試驗區的國際競爭力。

　　透過這些措施，兩岸自由貿易區的合作將能夠在新的階段取得更大的突破，為兩岸經濟的長遠發展奠定更加堅實的基礎。

捌、綜合分析：臺灣在大陸合作發展評估

　　臺灣自 2003 年制訂「自由貿易港區設置管理條例」後，有 7 個自由貿易港區被核准設立並開始營運。基隆港自由貿易港區及高雄港自由貿易港區的順利運作，吸引多家知名跨國企業的頻頻探詢，陸續有臺北港、臺中港、以及桃園航空自由貿易港區／貨運園區、蘇澳港、安平港等 5 個自由貿易港區核准啟用，傾力為臺灣在全球生產運籌鏈中找尋新的定位。

　　從當時臺灣的時空環境背景來看，臺灣自由貿易港區的成功經驗具有以下幾個重要特色：

一、境內關外的觀念設計經驗

　　自由貿易港區被視為國境內關稅領域以外的經貿特區，貨物在此區域可以自由流通，不受輸出入作業規定及稽徵特別規定的限制。這種設計使得港區內的物流效率大幅提高。

二、港區事業採完全自主管理經驗

　　自由貿易港區內的事業管理採用高度的廠商自主管理制度，取代傳統的政府管理模式，減少政府的實質介入。這樣的管理方式使得貨物和人力可以迅速流通，廠商自主管理，貨物免審、免驗、免押運，提高了運作效率。

三、貨物自由流通運作經驗

　　貨物（包括大陸貨品）由國外或國內其他自由貿易港區進入儲存，或從自由貿易港區輸往國外或其他自由貿易港區，只需依照規定向海關通報，經海關電子訊息回覆完成檔案紀錄後，即可進行儲存或運輸。這種電子化通關方式大大提升了物流運作效率。

四、貨品從事高附加價值深層次加工經驗

　　自由貿易港區內的貨品可以進行重整、加工、製造，從事零組件的組裝等深層次加工。這充分發揮了臺灣在高附加價值產品製造方面的優勢，強化了臺灣在全球運籌中的競爭力。

五、引進商務活動經驗

為便利外籍商務人士進入自由貿易港區從事商務活動，臺灣協調相關主管機關在現行法令制度下，彈性放寬國際商務人士（包括大陸人士）申請入境簽證的程序。同時，自由貿易港區內還提供展覽和貿易活動的設施，促進商務交流。

六、活絡資金流通經驗

自由貿易港區內允許設立金融分支機構，從事外幣匯兌及外匯交易，並可設立控股公司從事海外投資。這些措施有助於活絡區內的資金流通。

七、行政單一窗口化經驗

自由貿易港區內的行政管理及行政輔助事項授權給港區管理機關辦理，或由目的事業主管機關在區內設立辦事處專責處理。這樣的設計提高了行政效率，達到了單一窗口的效果。

臺灣憑藉其獨特的地理優勢、強大的運輸能力、快捷的通關效率、強大的製造實力以及完善的 B2B 基礎建設，能夠有效整合商流、物流、金流與資訊流等供應鏈管理。這使得

企業在產品供應、下單、運輸和銷售等跨國經貿活動上能夠快速完成，進一步提升了臺灣在國際經濟中的競爭力。

　　這些經驗展示了臺灣自由貿易港區在推動經貿發展和提升國際競爭力方面的成功案例，為其他地區提供了寶貴的借鑒和參考。。

玖、結論與建議

臺灣自由貿易港區與上海「自由貿易試驗區」合作對接的因素：

一、自由化

自由化包括市場開放和法規鬆綁兩個方面。市場開放指的是一國市場對外開放的程度，特別是商品市場的進出口活動。對外開放度體現了該地區經濟的對外開放程度，反映在各個對外交易層面。根據 2013 年經建會的法規鬆綁作業要點，法規鬆綁與調適是國家經濟體制轉型升級的重要工作。政府為加速經濟創新突破，將在這些要點的指引下，致力於消除阻礙企業競爭力的法規，建立友善的經商投資環境，以協助企業掌握商機。

二、自由貿易化

自由貿易化包括制度改革與自由貿易接軌兩個部分。制

度改革指的是對現有規則和運作模式進行調整，以適應新的社會需求和價值觀變化。這些變化可能源於社會價值觀的變動、人們行為互動的改變或歷史因素的影響。臺灣的經濟發展必須面對來自中國大陸的經濟競爭和本身經濟發展瓶頸的挑戰，透過有效參與中國大陸的經濟建設，提升自身發展走勢，與中國大陸接軌，迎接全球自由貿易的機會與挑戰，這是影響臺灣經濟發展的重要因素。

三、前瞻性

前瞻性是指選擇具有發展潛力、示範功能並能創造更多經濟效益的產業活動。臺灣應積極推動這些具有前瞻性的產業，增強經濟實力，提升國際競爭力。

四、終極目標

推動兩岸自由貿易區相結合的終極長遠目標是實現「一個自由貿易區」的管理運用概念，使臺灣經濟能夠充分享有中國大陸經濟發展帶來的紅利，逐步走向自由經濟島。這不僅能帶動臺灣經濟發展，還能提升臺灣在全球經濟體系中的地位。

具體因應策略包括：

（一）兩岸自貿法律規章鬆綁的共議，促進雙方法規的協調與統一，降低企業運營成本；

（二）建立兩岸交通運輸營運建設自貿資訊平台，提升物流效率，促進貿易便利化；

（三）融合兩岸海關一關三檢自貿監管制度，提高通關效率，減少貿易壁壘；

（四）協議兩岸金融租稅自貿優惠措施，提供企業更多的金融支持與稅收優惠，促進投資；

（五）建立兩岸產業自貿市場合作平台，加強兩岸產業合作，促進產業升級；

（六）建立兩岸自貿人才培育機制，培養專業人才，支援自貿區建設與發展。

這些策略將有助於提升臺灣的經濟競爭力，促進兩岸經濟合作，實現共同發展的目標。

國際海上貨物運送公約體系中運送人責任之研究

　　國際海上貨物運送人之責任規範，在 2008 年之前，主要由「1924 年海牙規則」、「1968 年海牙──威士比規則」和「1978 年漢堡規則」三個海上貨物運送國際公約進行。在經歷數十年之實踐下，由於上述三個海上貨物運送國際公約的併存，加上各個國家制定的國內法也不盡相同，導致國際海上貨物運送人責任之法律規定不一致，常造成運送人、託運人、貨主三方對於貨物毀損、滅失、遲延責任歸屬之爭執。1996 年，「聯合國國際貿易法委員會」委託「國際海事委員會（CMI）」以及其他組織收集有關海上貨物運送領域現行慣例和法律方面的資料，為建立統一國際海上貨物運送人之責任做準備。2008 年 12 月 11 日在聯合國大會上通過了「全程或者部分海上國際貨物運送契約公約」（也稱為「聯合國統一運送法公約」，「聯合國運送法公約」），簡稱「鹿特丹規則」（The Rotterdam Rules）。「鹿特丹規則」之通過，象徵著國際海上貨物運送人之責任將趨於一致。因此，對於現時在國際海上貨物運送人之責任，實有必要進行深入瞭解，尤其是「鹿特丹規則」。本研究即針對上述四個海上貨物運送國際公約中運送人責任制度進行探討與比較，從而釐清各個海上貨物運送國際公約中運送人之責任，且更進一步針對我國現行海商法中運送人責任規定進行剖析，尋求未來修法之因應與可行性。

關鍵字：國際海上貨物運送公約、運送人、運送人

壹、前 言

　　「2008 年鹿特丹規則」制定前，國際上已存在「1924年海牙規則」、「1968 年威士比規則」和「1978 年漢堡規則」三個海運國際公約。「海牙規則」是最早的海運國際公約，二十世紀三十年代建立了國際海上貨物運送法統一的局面。「威士比規則」內容比較傾向於運送人之利益，且加入國家最多。「漢堡規則」雖然很多條款偏向於貨主，但參加的國家數量有限，大部分是一些發展中國家，真正的航運大國、貿易大國都沒有加入。此外，還有一些國家，包括中國、美國及北歐一些國家沒有加入公約，但是根據公約制定了自己的國內法。

　　儘管「漢堡規則」代表了國際社會重新平衡船貨雙方利益的立法趨勢，並於 1992 年生效，然因只有少數國家加入，其統一國際海運立法的期望非但沒有實現，反而在已有的「海牙規則」、「威士比規則」之外，又增加了一個並行的國際公約。三個公約併存再加上各個國家制定的國內法也不盡相同，進一步加劇了國際海運法律的不一致性。而這種法律的不一致性，阻礙了國際間貨物的自由流動，直接增加了國際貿易的交易成本。因此亟需對全球海運立法進行統一。

　　此外，隨著電子商務的發展，海上運輸越來越多地採用

電子單證，這是導致新公約誕生的最直接原因。還有一個間接原因，就是海上貨物運送形式發生了很大變化。過去海上運送和陸上運輸是分段進行，隨著多式聯運的發展，「門至門」運輸越來越普遍，這也是整個貨物運輸發展的趨勢。現行的規則中，「海牙規則」、「威士比規則」是「鉤至鉤」、「舷至舷」（在船舷交貨，另外一方在船舷提貨），「漢堡規則」是「港至港」，並未考慮「門至門」的實際情況。

　　「鹿特丹規則」是一個現代的、統一的包含海上國際貨物運送，但不僅限於港口到港口的貨物運輸的國際貨物運送公約，對於運送人責任之規範也有重大的變革。對於運送人責任之期間、最低限度責任、賠償限制金額、免除責任條款等，均與「海牙規則」、「威士比規則」和「漢堡規則」有所不同。

　　本文分柒大單元，除壹、前言及柒、結論外，分別就「海牙規則」、「威士比規則」、「漢堡規則」、「鹿特丹規則」及我國「海商法」所規範之運送人責任分別探討，進而進行比較，最後尋求未來我國海商法修法之方向與可行性。

貳、國際海上貨物運送公約之
制定背景

一、1924 年海牙規則

「海牙規則」（Hague Rules）是「統一載貨證券若干法律規定國際公約」（international Convention for the Unification of Certain Rules of Law Relating to Bills of Lading）的簡稱。

「海牙規則」於 1924 年 8 月 25 日在比利時首都布魯塞爾由 26 個國家代表出席的「外交會議」上簽署，1931 年 6 月 2 日起生效，截至 1997 年 2 月，加入該規則的國家和地區共有 88 個。

載貨證券之使用在海上運輸中由來已久。早期的載貨證券，無論是內容或是格式，都比較簡單，而且其作用也較為單純，除僅作為貨物的交付憑證外，亦僅表明貨物已經裝船的初步證據。但隨著國際貿易和海上貨物運輸的逐步發展與興盛，載貨證券的性質、作用和內容，特別是載貨證券的背面條款規定均發生了巨大變化。

在載貨證券產生初期，即自貨物以託運形式出現後，經

歷很長一段的時期，在海上航運最為發達的英國，對於運送人責任規定，主要有二種不同規範：

其一，從事載貨證券運送的運送人，即英國習慣上視為「公共運送人」（Common Carrier）必須按照英國普通法（Common law）對所運送的貨物必須負絕對責任，即負有在目的港將貨物以裝貨港收到貨物時的相同狀態交給受貨人的義務，對所運貨物的滅失或損壞，除因天災（Act of God）、敵對行為（Queens Enemies）、貨物的潛在瑕疵、託運人的過失行為所造成，或屬於共同海損損失之外，不論運送人本人、船長、船員或其他受僱人、代理人之有無過失，運送人均應負賠償責任。

其二，英國法律對私法契約卻採取「契約自由」原則，因此，運送人為了逃避普通法上的法律責任，紛紛在載貨證券上列入對貨物滅失或毀損之免責條款，強加給貨主的各種不公平的條件和不應承擔的風險越來越多。

這種免責條款從 18 世紀開始出現，到 19 世紀中期的後半段，便衍生到不可收拾的地步。有的載貨證券上的免責事項甚至多達六、七十項，以至於運送人只有收取運費的權利，無任何責任可言。

運送人濫用契約自由，無限擴大免責範圍的作法，使得當時的國際貿易和運輸秩序陷入極度的混亂，其結果不但使貨主正當合法權益失去了基本保障，而且還出現了保險公司不敢承保，銀行不肯匯兌，載貨證券在市場上難以轉讓流通的不良局面。這不僅損壞了貨主、保險商和銀行的利益，而且也嚴重阻礙了航運業自身的發展。

在以英國為代表的船東國，同時也是載貨證券上濫用免責條款的時期，致使以美國為代表的貨主國利益受到了極大的損害。為了保護本國商人的利益，美國於 1893 年制定了著名的「哈特法案」（Harter Act；Act of February 13, 1893, Chap.105, 27 Stat. 445-46, 46 U.S. Code Appendix 190-196），即「關於船舶航行、載貨證券以及財產運送有關的某些義務、職責和權利的法案」。

該法案規定，在美國國內港口之間，以及美國港口與外國港口之間進行貨物運送的運送人，不得在載貨證券上加入基於自己的過失所造成貨物滅失或毀損而不負責任的條款；同時還規定運送人應謹慎處理使船舶適航，船長、船員對貨物應謹慎裝載、管理和交付。該法案同時規定，凡違反這些規定的載貨證券條款，將以違反美國「公共秩序」為由宣告無效。

「哈特法案」的產生，對以後的國際航運立法產生了巨大的影響。澳大利亞於 1904 年制定了「海上貨物運送法」；紐西蘭於 1908 年制定了「航運及海員法」；加拿大於 1910 年制定了「水上貨物運送法」。這些立法都援用了「哈特法案」中所採取的一些基本原則，並依照「哈特法案」的相關規定，對載貨證券內容進行了規範。

但是，少數國家的努力無法有效解決運送人濫用免責條款的問題。而且各國立法不一，各航運公司制定的載貨證券條款規定也不相同，阻礙到海上貨物運送契約的簽訂，不利於國際貿易的發展。國際海上貨物運送決不可能以某一國的法律進行處理，因此，制定統一的國際海上貨物運送公約來

規範載貨證券已勢在必行。

第一次世界大戰的爆發，雖然延滯了制定國際統一載貨證券規則的程序，但同時又給制定國際統一載貨證券規則帶來了契機。戰後由於全球性的經濟危機，貨主、銀行、保險界與船東的衝突更加激烈。

在這種情況下，以往對於限制契約自由，修正不合理免責條款問題一直不感興趣的英國，為了和其殖民地在經濟上、政治上採取妥協態度，也主動與其他航運國家和組織，共同尋求對上述問題的有效解決方法，並也主張制定國際公約，藉以維護英國航運業的競爭能力，保持英國的世界航運大國的地位。

為此，「國際法協會」（International Law Association）所屬「海洋法委員會」（Maritime law Committee）於 1921年 5 月 17 日至 20 日在荷蘭首都海牙召開會議，制定了一項統一載貨證券規則草案，初步被定名為「海牙規則」，供契約當事人自願採納。

同時，以此草案為基礎，在 1922 年 10 月 9 日至 11 日在英國倫敦召開會議，對海牙規則進行若干修訂，同年 10 月 17 日至 26 日，於比利時布魯塞爾舉行的討論海事法律的外交會議（Diplomatic Conference on Maritime Law）上，與會代表作出決議，建議各國政府接受海牙規則，並在稍作修改後使之形成內國法化。

1923 年 10 月，又在布魯塞爾召開「海商法國際會議」（International conference of maritime law），由海商法國際會議指派委員會對海牙規則繼續作了一些修訂，最終完成海

牙規則的制定工作。

　　隨後，1923 年 11 月英國「帝國經濟會議」通過決議，一方面建議各成員國政府和議會繼續接受修訂後海牙規則使之內國法化；另一方面率先透過國內立法方式，使之內國法化，由此而產生了「1924 年英國海上貨物運送法」（Carriage of Goods by Sea Act 1924-COGSA）。該法律在 1924 年 8 月獲英皇批准。1924 年 8 月 25 日，各國政府的代表也在布魯塞爾通過了簡稱「海牙規則」的「1924 年統一載貨證券若干法律規定國際公約」。

　　「海牙規則」於 1931 年 6 月 2 日正式生效。歐美許多國家都加入公約。有的國家仿效英國的作法，透過國內立法使之內國法化；有的國家根據公約的基本精神，另行制定相似的國內法；還有些國家雖然沒有加入公約，但他們的一些航運公司的載貨證券條款也援用了公約的規定。

　　所以，海牙規則是海上貨物運送中有關載貨證券的最重要且目前仍普遍被援用的國際公約。臺灣雖然沒有加入該公約，但卻把它作為制定「海商法」的重要法源依據；我國不少航運公司的載貨證券條款也援用了公約的規定。所以，「海牙規則」堪稱現今海上貨物運送方面最重要的國際公約（註一）。

二、1968 年威士比規則

　　「威士比規則」是「修訂統一載貨證券若干法律規定國際公約之議定書」（Protocol to Amend the International Convention for the Unification of Certain Rules of Law Relating to Bills of lading）的簡稱。

　　「海牙規則」自 1931 年生效實施後，獲得國際航運界普遍接受，它的法律地位在於，促使國際海上貨物運送有共同法律規定可為依循，統一了海上貨物運送中的載貨證券條款，對載貨證券的統一性規範產生相當的效果，化解了當時運送人和託運人之間的衝突，促進了國際貿易和海上運送事業的發展。

　　但隨著國際政治、經濟形勢的變化，以及航海、造船技術日新月異的進步，使海上運送方式發生了重大變革，特別是「貨櫃運送」方式的出現和迅速發展，「海牙規則」的規定已不符合新航運情勢發展的需要。尤其部份運送人仍然大量使用免責條款，明顯偏袒運送人之利益，且通貨膨脹的現實，使 100 英鎊的賠償限額明顯過低等原因，到了 50 年代末期，要求修訂「海牙規則」的呼聲日漸強烈。

　　基於上述情勢發展，「國際海事委員會」(Committee Maritime International-CMI)於 1959 年在南斯拉夫的里吉卡舉行第二十四屆大會，會上決議成立小組委員會（Sub-committee）負責修訂「海牙規則」部分條文規定。

　　根據各國代表對修訂「海牙規則」的建議，1963 年小組

委員會草擬了修訂「海牙規則」的議定書草案，提交於 1967 年、1968 年召開的「海事法會議」審議，經會議代表審議通過後，於 1968 年 2 月在比利時的布魯塞爾召開，由 53 個國家或地區代表參加的第十二屆「海洋法外交會議」（Diplomatic Conference of the law of the sea）上通過，命名為「修訂統一載貨證券若干法律規定國際公約之議定書」，並簡稱為 "1968 年布魯塞爾議定書"(The 1968 Brussels Protocol)。

由於該議定書草案在斯德哥爾摩討論期間，參加會議的成員曾經前往哥特蘭島的威士比城，為借用中世紀「威士比海法」之名聲，故將該議定書稱為「威士比規則」（Visby Rules）。經過此議定書所修訂的「海牙規則」，被稱為「海牙：威士比規則」（Hague-Visby Rules）。該議定書於 1977 年 6 月 23 日生效（註二）。海牙規則的最後一次修正為 1979 年的特別提款權議定書（SDR Protocol）（註三）。

三、1978 年漢堡規則

「漢堡規則」（Hamburg Rules）是「1978 年聯合國海上貨物運送公約」（United Nations Convention on the Carriage of Goods by Sea，1978）的簡稱。

1978 年 3 月 6 日至 31 日聯合國在德國城市漢堡市舉行並主持，由 78 國代表參加的「海上貨物運送大會」討論通過，於 1992 年 11 月 1 日生效。

　　截至 1996 年 10 月，共有成員國 25 個，其中絕大數為發展中國家，占全球外貿船舶噸位數 90%的國家都未批准加入該規則。

　　「海牙規則」是本世紀 20 年代初期制訂，曾發揮它應有的作用，但隨著國際貿易和海運的發展，要求修訂海牙規則的呼聲不斷被提出，因此對其進行修訂已在所難免。但是如何進行修訂，二種派別之主張導致了二種不同的修訂結果。

　　一派係以英國、北歐等海運發達國家的船方利益為代表，由「國際海事委員會」負責起草修訂，最終促使「威士比規則」之制訂。「威士比規則」對於「海牙規則」的一些修訂內容，對維持以「海牙規則」基礎上的船貨雙方利益達到相當的效果。

　　另一派主要係來自於廣大的發展中國家，代表了貨主的利益，提出徹底修訂「海牙規則」的要求，且呼聲日益高漲，促使「聯合國貿易發展會議」(United　Nations Conference on Trade and Development -UNCTAD)的「航運委員會」於 1969 年 4 月在第三屆會議上設立了「國際航運立法工作組」（Legislative Work Group of International Shipping），研究載貨證券的相關法律問題。

　　1971 年 2 月「國際航運立法工作組」召開第二次會議，會議上作出兩項決議：

　　第一，對「海牙規則」和「威士比規則」進行修訂，必要時制定新的國際公約；

　　第二，在審議修訂上述規則時，應釐清規則中涵義不明確之處，建立船貨雙方平等分擔海運貨物風險的制度。

　　後來，此項制定新公約之工作移交給「聯合國國際貿易
法委員會」（United Nations Commission on International Trade
Law －UNCITRAL）。該委員會下設「國際航運立法工作
組」，於 1976 年 5 月完成立法草案內容，並於 1978 年 3 月
6 日至 31 日在德國漢堡召開聯合國海上貨物運送公約外交會
議審議討論，有 78 個國家代表參加，最後通過了「1978 年
聯合國海上貨物運送公約」。由於這次會議是在漢堡召開，
所以這個公約又被稱為「漢堡規則」。

　　根據「漢堡規則」第三十條第 1 項生效條件規定，「本
公約自第二十份批准書、接受書、認可書或加入書交存之日
起，滿一年後的次月第一日生效。」（註四），「漢堡規則」
自 1978 年 3 月 31 日獲得通過，直至埃及遞交了批准書後符
合生效條件，於 1992 年 11 月 1 日起正式生效（註五）。

四、2008 年鹿特丹規則

　　「漢堡規則」係由「聯合國貿易與發展會議」(United
Nations Conference on Trade and Development －UNCTAD)
之主導，並請求「聯合國國際貿易法委員會」(United Nations
Commission on International Trade Law －UNCITRAL)協助
起草（註六），「國際海事委員會」(CMI)對於傳統海事法
之一些重要觀點之建議未被採納，致使「漢堡規則」無法獲
得 CMI 及傳統航運大國之認同與支持（註七）。

「聯合國國際貿易法委員會」有鑒於此，1996 年開始考慮草擬一份新的「海上國際貨物運送契約公約」時，即尋求「國際海事委員會」之協助。「聯合國國際貿易法委員會」尋求協助之國際機構除「國際海事委員會」外，尚有國際商會(International Chamber of Commerce －ICC)、國際海上保險聯盟(International Union of Marine Insurance －IUMI)、國際承攬運送人協會聯盟(International Federation of Freight Forwarders Associations － FIATA)、國際海運商會(International Chamber of Shipping －ICS)，及國際港口協會(International Association of Ports and Harbours)等，但由於「國際海事委員會」是布魯塞爾海事公約之主要推動與起草者，因此僅有「國際海事委員會」予以積極回應，並與「聯合國國際貿易法委員會」密切合作。

「國際海事委員會」於 1998 年 5 月設立「運輸法國際工作小組」(International Working Group on Issues of Transport Law)，並於 1999 年開始將相關議題交予「國際海事委員會」之「海上貨物運送法律統一國際次級委員會」（CMI International Sub Committee on the Uniformity of the Law of the Carriage of Goods by Sea）進行討論。

2000 年「國際海事委員會」並與「聯合國國際貿易法委員會」共同舉辦研討會(UNCITRAL/CMI Colloquium)，討論未來的國際法律規範是否要由海上運輸延伸至其他方式之運輸，此項延伸於「國際海事委員會」2001 年 2 月新加坡會議中得到確認，為了因應「門對門」的貨櫃運輸從而建立一項「責任性網路系統」(a "network" system of liability)。新加坡

會議並要求未來的國際法律規範應符合國際社會電子商務(electronic commerce)之需求（註八）。

「國際海事委員會」歷經三年半緊密的預備工作，至2001年12月11日將其完成的「運送法草案」文件送交「聯合國國際貿易法委員會祕書處」。

「聯合國國際貿易法委員會」第三工作組——運輸法(Working Group III －Transport Law)自2002年起以「國際海事委員會」送交之「運送法草案」(CMI Draft Instrument on Transport Law)為基礎，繼續研擬新公約工作，終於在2008年7月3日「聯合國國際貿易法委員會」第887次會議無異議通過「全程或部分海上國際貨物運送契約公約草案」，送交聯合國大會審議（註九）。

「國際海事委員會」之「運送法草案」(CMI Draft Instrument on Transport Law) 明顯構成了現今2008年新國際公約「鹿特丹規則」之重要架構。

由於「國際海事委員會」對新公約的積極參與推動，並對最後通過之新公約條文規定內容予以肯定，致使國際社會傳統航運大國極有可能於未來接受2008年新的國際公約，形成國際社會「門對門海上貨物運送」新的法律規範（註十）。

因此，聯合國2008年「全程或部分海上國際貨物運送契約公約」(United Nations Convention on Contracts for the International Carriage of Goods Wholly or Partly by Sea)非常值得我國持續予以密切關注與研究。

「鹿特丹規則」於2009年9月23日於荷蘭鹿特丹開放簽字，雖有部份歐盟國家及加拿大之公開杯葛，但在簽字儀

式上已有剛果、丹麥、法國、加彭、迦納、希臘、幾內亞、荷蘭、奈及利亞、挪威、波蘭、塞內加爾、西班牙、瑞士、多哥及美國等 16 國簽字，此後於紐約聯合國總部簽字的又有亞美尼亞、喀麥隆、馬達加斯加及尼日共和國等 4 個國家，已滿足公約要求之簽滿 20 個國家數。

　　以上 20 個國家中，除含有發展中國家、已開發國家，尚包括國際主要貿易國及海運大國，代表著百分之 25 以上之國際貿易量，而公約尚須待簽字國經立法機關批准後之批准文件送達，始於次年之第一個月宣佈生效（註十一）。

參、國際海上貨物運送公約之運送人責任規定

一、1924 年海牙規則

（一）運送人運送貨物的責任期間

　　所謂運送人的責任期間，是指運送人對貨物運送負責的期限。按照「海牙規則」第一條「貨物運送」的定義，貨物運送的期間為從貨物裝載上船至卸載下船為止的期間（註十二）。

　　所謂「裝載上船起至卸載下船止」可分為兩種情況：一是在使用船上吊桿裝卸，裝貨時貨物掛上船舶吊桿的吊鉤時起至卸貨時貨物脫離吊鉤時為止，即「鉤至鉤」（tackle to tackle）期間。二是使用岸上起重機裝卸，則以貨物越過船舷為界，即「舷至舷」（board to board）期間運送人應對貨物之毀損、滅失負責。

　　至於貨物裝船以前，即運送人在碼頭倉庫接管貨物至裝載上船這一段期間，以及貨物卸載下船後到向受貨人交付貨

物這一段時間，按「海牙規則」第七條規定（註十三），可由運送人與託運人就運送人在上述兩段發生的貨物滅失或損壞所應承擔的責任和義務訂立任何協議、規定、條件、保留或免責條款。

（二）運送人最低限度的義務

所謂運送人最低限度義務，就是運送人必須履行的基本義務。依「海牙規則」第二條之規定（註十四），除遵照第六條規定（註十五）外，每個海上貨物運送契約的運送人，對有關貨物的裝載、搬運、配載、運送、保管、照料和卸載，都應按照下列規定承擔責任和義務，並享受權利和豁免。

復依據「海牙規則」第三條第一款規定（註十六）：運送人必須在開航前和開航當時，謹慎處理，使航船處於適航狀態，妥善配備合格船員，裝備船舶和配備供應品；使貨艙、冷藏艙和該船其他載貨處所能適當而安全地接受、載運和保管貨物。

同條第二款規定（註十七）：運送人應妥善地和謹慎地裝載、操作、堆存、運送、保管、照料與卸載。"即提供適航船舶，妥善管理貨物，否則將承擔賠償責任。

（三）運送人的賠償責任限額

運送人的賠償責任限額是指對運送人不能免責的原因造成的貨物滅失或毀損，藉由規定單位最高賠償額的方式，將其賠償責任（即賠償金額）限制在一定的數額範圍內。

　　此一制度實際上是對運送人造成貨物滅失或損害的賠償金額作部分的免除，充分表現了對運送人利益的維護。

　　「海牙規則」第四條第五款規定（註十八）：不論運送人或船舶，在任何情況下，對貨物或與貨物有關的滅失或毀損，每件或每單位超過 100 英鎊或與其等值的其他貨幣時，在任何情況下都不須負責；但託運人於裝貨前已就該項貨物的性質和價值提出聲明，並已在載貨證券中註明的，不在此限。因此，運送人單位最高賠償額為 100 英鎊，而按照該規則第九條的規定應為 100 金英鎊。

（四）運送人的免責事由

　　依據「海牙規則」第四條第一項規定（註十九），對於運送人免責事由作出概括規定，即不論運送人或船舶，對於因不適航所引起的滅失或毀損，均不負責，除非造成的原因是由於運送人未按第三條第一項規定，善盡職責，使船舶適航，保證適當地配備船員、裝備和供應該船，以及使貨艙、冷藏艙和該船的其它裝貨處所能適宜並安全地收受、運送和保管貨物。凡由於船舶不適航所引起的滅失和損害，對於已善盡職責的舉證責任，應由根據本條規定要求免責的運送人或其他人負責。

　　但在同條第二項規定（註二十）中對於運送人的免責事由作了十七款列舉規定，分別為：

　　（a）船長、船員、引水員或運送人的僱用人員，在航行或管理船舶中的行為、過失或不履行義務。

（b）火災，但由於運送人的故意或過失所引起的除外。

（c）海上或其它可航水域的災難、危險和意外事故。

（d）天災。

（e）戰爭行為。

（f）敵對行為。

（g）君主、當權者或人民的扣留或管制，或依法扣押。

（h）檢疫限制。

（i）託運人或貨主、及其代理人或代表的行為或不行為。

（j）不論由於任何原因所引起的局部或全面罷工、關廠停止或限制工作。

（k）暴動和騷亂。

（l）救助或企圖救助海上人命或財產。

（m）由於貨物的固有缺點、性質或缺陷引起的體積或重量減少，或任何其它滅失或損壞。

（n）包裝不固。

（o）標誌不清或不當。

（p）雖善盡職責亦不能發現的潛在性瑕疵。

（q）非由於運送人的故意或過失，或者運送人的代理人，或僱用人員的故意或過失所引起的其它任何原因；但是要求援用這條免責利益的人應負責舉證，證明有關的滅失或毀損既非由於運送人的故意或過失，亦非運送人的代理人或僱用人員的故意或過失所造成。

總括而言，可概分為兩類：一類是過失免責、另一類是無過失免責。

過失免責條款主要為「海牙規則」第四條第二項第一款之規定：「由於船長、船員、引水人或運送人的僱用人在航行或管理船舶中的行為、疏忽或過失所引起的貨物滅失或毀損，運送人可以免除賠償責任。」這種過失免責條款引起極大爭議，也是其他運輸方式責任制度中所沒有的。很明顯，「海牙規則」比較偏袒船方的利益。

另一類是運送人無過失免責，主要有以下幾種：

1.不可抗力或運送人無法控制的免責有八項：海上或其他可航水域的災難、危險或意外事故；天災；戰爭行為；敵對行為；君主、當權者或人民的扣留或拘禁，或依法扣押；檢疫限制；不論由於任何原因所引起的局部或全面罷工、關廠、停工或勞動力受到限制；暴力和騷亂。

2.貨主的行為或過失免責有四項：貨物託運人或貨主、其代理人或代表的行為；由於貨物的固有缺點、品質或缺陷所造成的容積或重量的減少，或任何其他滅失或毀損；包裝不固；標誌不清或不當。

3.特殊免責條款有三項：一是火災，即使是運送人和僱用人的過失，運送人也不負責，只有運送人本人的故意或過

失所造成者才不能免責;二是在海上救助人命或財產,這一點是對船舶的特殊要求;三是謹慎處理,善盡職責所不能發現的潛在性瑕疵。

　　4.運送人免責條款的第十六款規定:「不是由於運送人的故意或過失,或是運送人的代理人或僱用人的故意或過失所引起的其他任何原因。」,這是一項概括性條款,不像前述十六項列舉具體,而是對其他原因造成之一般概括性規定。

　　所謂「沒有故意和過失」不僅指運送人本人,而且也包括運送人的代理人或僱用人沒有故意和過失。援引此一條款要求享有此項免責利益的人應當負舉證義務,即要求證明貨物的滅失或毀損既非由於自己的故意或過失,也非他的代理人或受僱人的故意或過失所導致。

　　其他有關運送人之免責事由,分別規定在同條第三至六項中,分別為:

　　第三項規定,對於任何非因託運人、託運人的代理人或其受僱人的行為、故意或過失所引起,致使運送人或船舶遭受的滅失或毀損,託運人不負責任(註二十一)。

　　第四項規定,為救助或企圖救助海上人命或財產而發生的偏航,或任何合理偏航,都不能作為破壞或違反本公約或運送契約的行為;運送人對由此而引起的任何滅失或毀損,都不負責(註二十二)。

　　第五項第一款規定,運送人或是船舶,在任何情況下對貨物或與貨物有關的滅失或毀損,每件或每計費單位超過一百英鎊或與其等值的其他貨幣的部分,都不負責;但託運人

於裝貨前已就該項貨物的性質和價值提出聲明，並已在載貨證券上註明者，不在此限（註二十三）。

第五項第二款規定，該項聲明如經載入載貨證券，即做為初步證據，但它對運送人並不具有約束力或最終效力（註二十四）。

第五項第三款規定，經運送人、船長或運送人的代理人與託運人雙方協議，可規定不同於本款規定的另一最高限額，但該最高限額不得低於上述數額。如運送人在載貨證券上，故意謊報貨物性質或價值，則在任何情況下，運送人或是船舶，對貨物或與貨物有關的滅失或毀損，都不負責（註二十五）。

第六項規定，運送人、船長或運送人的代理人對於事先不知性質而裝載的具有易燃、爆炸或危險性的貨物，可在卸貨前的任何時候將其卸在任何地點，或將其銷毀，或使之無害，而不予賠償；該項貨物的託運人，應對由於裝載該項貨物而直接或間接引起的一切損害或費用負責。如果運送人知道該項貨物的性質，並已同意裝載，則在該項貨物對船舶或貨載發生危險時，亦得同樣將該項貨物卸在任何地點，或將其銷毀，或使之無害，而不負賠償責任，但如果發生共同海損不在此限（註二十六）。

二、1968 年威士比規則

（一）運送人運送貨物的責任期間

　　威士比規則對於運送人的責任期間，依然沿襲 1924 年海牙規則之規定，即貨物運輸的期間為從貨物裝載上船至卸載下船為止的期間。

　　所謂「裝載上船起至卸載下船止」可分為兩種情況：一是在使用船上吊桿裝卸貨物時，裝貨時貨物掛上船舶吊桿的吊鈎時起至卸貨時貨物脫離吊鈎時為止，即「鈎至鈎」期間。二是使用岸上起重機裝卸，則以貨物越過船舷為界，即「舷至舷」期間運送人應對貨物負責。

　　至於貨物裝船以前，即運送人在碼頭倉庫自接管貨物後至裝載上船之時間，以及貨物卸載下船後到向收貨人交付貨物之時間，可由運送人與託運人就運送人在上述兩段時間內所發生的貨物滅失或損壞所應承擔的責任和義務訂立任何協議、規定、條件、保留或免責條款。

（二）運送人最低限度的義務

　　威士比規則對於運送人最低限度之義務，依然沿襲 1924 年海牙規則第二條之規定，除依照第六條規定外，每個海上貨物運送契約的運送人，對有關貨物的裝載、搬運、堆存、運送、保管、照料和卸載，都應按照下列規定承擔責任和義務，並享受權利和豁免。

　　復依據「海牙規則」第三條第一款之規定：「運送人必須在開航前和開航當時，謹慎處理，使航船處於適航狀態，妥善配備合格船員，裝備船舶和配備供應品；使貨艙、冷藏艙和該船其他載貨處所能適當而安全地接受、載運和保管貨物。」

同條第二款規定：「承運人應妥善地和謹慎地裝載、操作、堆存、運送、保管、照料與卸載。」即提供適航船舶，妥善管理貨物，否則將負擔賠償責任。

（三）運送人的賠償責任限額

威士比規則對於運送人的賠償責任限額規定為：

1.除非在裝貨前，託運人已聲明該貨物的性質和價值，並記載於載貨證券，否則，在任何情況下，運送人或船舶對貨物所遭受的或有關的任何滅失或毀損，每件或每單位的金額超過 10,000 法郎的部分，或按滅失或毀損的貨物每公斤淨重超過 30 法郎的部分，均不負責任，兩者以較高的金額為準。

2.全部賠償金額應依照貨物於運送契約從船上卸下或應卸下的當地當時之價值計算。貨物價值應按照商品交易價格確定，或者如無商品交易價格時，則按現行市場價格確定，或者既無商品交易價格又無現行市場價格時，則依照同種類、同品質貨物的一般價值確定。

3.如果貨物是用貨櫃、墊板或類似的裝運器具拼裝時，載貨證券中所載明的、裝在這種裝運器具中的件數或單位數，應視為就本款所指的件數或單位數；除上述情況外，應視為此種裝運器具即是一件或一單位。

4.一個法郎是指一個含有純度為 900/1000 的黃金 65.5 毫克的單位。裁決的賠償數額兌換成該國家之貨幣的日期，應

由受理該案法院的法律規定。

5.如經證實損失是由於運送人蓄意造成損失而作出的作為或不作為，或明知可能會產生損失但仍不顧後果而作出的作為或不作為產生時，則運送人或船舶無權享受本款所規定的責任限制的利益。

6.本條第一項所提到的聲明，如記載於載貨證券時，應作為初步證據，但對運送人不具有約束力或最終效力。

7.運送人、船長或運送人的代理人和託運人之間的協議，可以規定高於本條第一項規定的另外最高金額，但這樣規定的最高金額不得低於第一項所列的最高金額。

（四）運送人的免責事由

「威士比規則」對於運送人的免責事由，依然沿襲「1924年海牙規則」第四條之相關規定。依據「海牙規則」第四條第一項之規定，對於運送人免責事由作出概括規定，即不論運送人或船舶，對於在適航之條件下所引起的滅失或損壞，都不負責，除非造成的原因是由於運送人未按第三條第一項的規定，善盡職責，使船舶適航；保證適當地配備船員、設備和供應該船，以及使貨艙、冷藏艙和該船的其它貨載處所能適宜並安全地收受、運送和保管貨物。

凡由於船舶不適航所引起的滅失和損害，對於已善盡職責的舉證責任，應由根據本條規定要求免責的運送人或其他人負責。

但在同條第二項中對於承運人的免責作了十七款列舉規定，分別為：

（a）船長、船員、引水人或運送人的僱用人員，在航行或管理船舶中的行為、過失或不履行義務。

（b）火災，但由於運送人的故意或過失所引起的除外。

（c）海上或其它可航水域的災難、危險和意外事故。

（d）天災。

（e）戰爭行為。

（f）敵對行為。

（g）君主、當權者或人民的扣留或管制，或依法扣押。

（h）檢疫限制。

（i）託運人或貨主、其代理人或代表的行為或不行為。

（j）不論由於任何原因所引起的局部或全面罷工、關廠停止或限制工作。

（k）暴動和騷亂。

（l）救助或企圖救助海上人命或財產。

（m）由於貨物的固有缺點、性質或缺陷引起的體積或重量減少，或任何其它滅失或損壞。

（n）包裝不固。

（o）標誌不清或不當。

（p）雖善盡職責亦不能發現的潛在性瑕疵。

（q）非由於運送人的故意或過失，或者運送人的代理人，或僱用人員的故意或過失所引起的其它任何原因；但是要求援用這條免責利益的人應負責舉證，證明有關的滅失或毀損既非由於運送人的故意或過失，亦非運送人的代理人或僱用人員的故意或過失所造成。

其他免責事由分別規定在同條第三至六項中，分別為：

1.第三項規定，對於任何非因託運人、託運人的代理人或其僱用人員的行為、過失或疏忽所引起的使運送人或船舶遭受的滅失或損壞，託運人不負責任。

2.第四項規定，為救助或企圖救助海上人命或財產而發生的偏航，或任何合理偏航，都不能作為破壞或違反本公約或運送契約的行為；運送人對由此而引起的任何滅失或毀損，都不負責。

3.第五項之規定：

（1）第一款規定，運送人或是船舶，在任何情況下對貨物或與貨物有關的滅失或毀損，每件或每一計費單位超過100 英鎊或與其等值的其他貨幣的部分，都不負責；但託運人於裝貨前已就該項貨物的性質和價值提出聲明，並已於載貨證券上註明的，不在此限。

（2）第二款規定，該項聲明如經記載於載貨證券上，即

可做為初步證據，但它對運送人並不具有約束力或最終效力。

（3）第三款規定，經運送人、船長或運送人的代理人與託運人雙方協議，可規定不同於本款規定的另一最高限額，但該最高限額不得低於上述數額。如運送人在載貨證券上，故意謊報貨物之性質或價值，則在任何情況下，運送人或是船舶，對貨物或與貨物有關的滅失或毀損，都不負責。

4.第六項規定，運送人、船長或運送人的代理人對於事先不知性質而裝載的具有易燃、爆炸或危險性的貨物，可在卸貨前的任何時候將其卸載在任何地點，或將其銷毀，或使之無害，而不予賠償；該項貨物的託運人，應對由於裝載該項貨物而直接或間接引起的一切損害或費用負責。如果運送人知道該項貨物的性質，並已同意裝載，則在該項貨物對船舶或貨載發生危險時，亦得同樣將該項貨物卸載在任何地點，或將其銷毀，或使之無害，而不負賠償責任，但如發生共同海損不在此限。

三、1978 年漢堡規則

（一）運送人運送貨物的責任期間

依「漢堡規則」第四條第一項及第二項規定（註二十七），在本公約下，運送人對於貨物在裝貨港、在運送途中及在卸貨港由其掌管的全部期間擔負責任。

運送人在以下所述之起迄期間內視為掌管貨物：

1.自下列之人處接收貨物之時起：

（1）託運人或代表他行事的人；或

（2）依照裝貨港適用的法律或規章，貨物必須交其裝船的當局或其他第三人；

2.其他依以下方式交付貨物之時為止：

（1）把貨物交給收貨人；或

（2）收貨人不自運送人處收受貨物時，按照契約或卸貨港適用的法律或特定行業習慣，把貨物留給收貨人處置；或

（3）把貨物交給依據卸貨港適用的法律或規章貨物必須交給的當局或其他第三人。

據此，「漢堡規則」第四條第一項及第二項規定，運送人對貨物的責任期間包括在裝貨港、在運輸途中以及在卸貨港，貨物在運送人掌管的全部期間。即運送人的責任期間從運送人接管貨物時起到交付貨物時止。而此與「海牙規則」的「鉤至鉤」或「舷至舷」相比較，其責任期間擴展到「港到港」期間，解決了貨物從交貨到裝船和從卸船到收貨人提貨這兩段沒有人負責的空間，明顯地延長了運送人的責任期間。

（二）運送人最低限度的義務

依據「漢堡規則」第五條規定（註二十八），運送人對於貨物的滅失或毀損以及遲延交付所引起的損害，如引致滅失、毀損或遲延的事件，發生於第四條所訂明的貨物由運送人掌管的期間，須負賠償責任。

貨物未於 1.約定的期限內，2.或在並無此種約定時，未於考慮到實際情況、可以合理要求運送人遵守的期限內，在海上運送契約所規定的卸貨港交付，即為遲延交付。

有權對貨物的損失要求賠償的人，在貨物未按照第四條的要求於前項所規定的交付期限屆滿後連續六十日內交付時，可視為貨物已受滅失。

1.運送人對於以下的貨物毀損、滅失或遲延交付，負賠償責任：

（1）因火災而引起的貨物之毀損、滅失或遲延交付，如索賠人能證明火災是由於運送人、或其受雇人、代理人的故意或過失所致。

（2）索賠人能證明由於運送人、或其受雇人、代理人在採取可以合理要求的一切措施，以撲滅火災和防止或減輕其後果，且具有故意或過失而引起的毀損、滅失或遲延交付。

2.於船舶上發生火災而影響到貨物時，如果索賠人或運送人要求，必須按照航運賠償習慣，對火災的起因和情況進行調查，調查人員的報告副本應依規定送交運送人和索賠

人。

3.關於活的動物，經證明毀損、滅失或遲延交付的全部或一部是由於運送人、或其受雇人、代理人的故意或過失所造成者，應負賠償責任。

4.運送人、或其受雇人、代理人的故意或過失與另一原因結合，產生毀損、滅失或遲延交付時，運送人僅對於貨物毀損、滅失或遲延交付可以歸責於此種故意或過失的限度內負賠償責任，但運送人須證明不可歸責於此種故意或過失所致的毀損、滅失或遲延交付的數額。

據此，「漢堡規則」明確了推定過失與舉證責任相結合的完全過失責任制。規定凡是在承運人掌管貨物期間發生貨物損害，除非運送人能證明已為避免事故的發生及其後果採取了一切可能的措施，否則推定損失係由運送人的過失所造成，運送人應承擔賠償責任。因此，很明顯地，「漢堡規則」較「海牙規則」擴大了運送人的責任。

（三）運送人的賠償責任限額

依據「漢堡規則」第六條規定（註二十九），運送人按照第五條規定，對於貨物的毀損或滅失引起的損害所負的賠償責任，限於相當於所毀損或滅失的貨物每包或其他貨運單位 835 記帳單位或總重量每公斤 2.5 記帳單位的數額，以較高的數額為準。

運送人按照第五條的規定對於遲延交付所負的賠償責任，限於相當於對遲延的貨物所應支付費用 2.5 倍的數額，

但不得超過按照海上貨物運送契約所應支付的運費總額。

運送人根據前二項的全部賠償總額，不得超過根據第一項對於貨物全部滅失引起的賠償責任限度。

為計算按照本條第一項的規定，決定哪一個數額較高的目的，應適用下列規則：

1.使用貨櫃、墊板或類似載貨物件歸併貨物時，載貨證券上或未發給載貨證券時，作為海上運送契約證明的任何其他文件內，列明包裝在這種載貨之物件內的包或其他貨運單位視為單一的包或貨運單位。除上述情況外，這種載貨物件內的貨物視為一個貨運單位。

2.於載貨物件本身滅失或毀損時，如該載貨物件並非運送人所擁有或供給，則視為一個單獨的貨運單位。

3.記帳單位是指第二十六條（註三十）所述的記帳單位。

4.運送人和託運人可以協議訂定超過第一項所規定的責任限度。

（四）運送人的免責事由

依據「漢堡規則」第五條第一項但書規定，運送人能證明本人、或其受雇人、代理人為避免該事件之發生，及其後果曾採取可能合理要求的一切措施者，不負賠償責任。

同條第四項規定，對於因火災而引致的貨物的毀損、滅失或遲延交付，如索賠人不能證明火災是由於運送人、或其受雇人、代理人的故意或過失所致者，不負賠償責任。以及

索賠人不能證明貨物之毀損、滅失或遲延交付係由於運送人、或其受雇人、代理人無法採取可以合理要求的一切措施,以撲滅火災和防止或減輕其後果,且基於故意或過失而引起的,不負賠償責任。

同條第五項規定,關於活的動物,運送人對於此類運送固有的任何特別危險所引起的毀損、滅失或遲延交付不負賠償責任。但是如果運送人能證明他已遵行託運人所給予他的關於動物的任何特別指示,而且按照實際情況,毀損、滅失或遲延交付可以歸責於此種危險時,除經證明毀損、滅失或遲延交付的全部或一部是由於運送人、或其受雇人、代理人的故意或過失所造成外,應即推定毀損、滅失或遲延交付是由於此種危險所引致。

同條第六項規定,除為分擔共同海損外,運送人對於因救助海上人命的措施或救助海上財產的合理措施而引起的毀損、滅失或遲延交付,不負賠償責任。

四、2008 年鹿特丹規則

(一) 運送人運送貨物的責任期間

依據「鹿特丹規則」第十二條規定(註三十一),運送人的責任期間為:

1.運送人根據本公約對貨物的責任期間,自運送人或者履約人為運送之目的而接收貨物時開始,至貨物交付時終

止。

2.接收貨物地點之約定

（1）收貨地的法律或者法令要求，將貨物交給某當局或者其他協力廠商，運送人可以從該當局或者該其他協力廠商提取貨物時，運送人的責任期間，自運送人從該當局或者從該其他協力廠商提取貨物時開始。

（2）交貨地的法律或者法令要求，將貨物交給某當局或者其他協力廠商，收貨人可以從該當局或者該其他協力廠商提取貨物的，運送人的責任期間，至運送人將貨物交給該當局或者該其他協力廠商時終止。

3.為確定運送人的責任期間，各方當事人可以約定接收和交付貨物的時間和地點，但運送契約條款記載下述規定者，即為無效：

（1）接收貨物的時間是在根據運送契約開始最初裝貨之後；或者

（2）交付貨物的時間是在根據運送契約完成最後卸貨之前。

據此，「鹿特丹規則」之適用期間及責任期，包括運送人整個貨物保管期間，包括收貨迄交貨為止之期間，責任以運送人是否負責保管貨物為主，因此排除貨物依當地規定應交予主管機關之期間。

（二）承運人最低限度的義務

依據「鹿特丹規則」第十三條規定（註三十二），其對

於運送人規定之義務：

　　1.在第十二條規定的責任期間內，除第二十六條（註三十三）另有規定外，運送人應當妥善而謹慎地接收、裝載、操作、堆存、運輸、保管、照料、卸載並交付貨物。

　　2.雖有本條第一項規定，在不影響第 4 章（註三十四）其他規定以及第 5 章至第 7 章（註三十五）規定的情況下，運送人與託運人可以約定由託運人、單證託運人或者收貨人裝載、操作、堆存或者卸載貨物。此種約定應當在契約條款中記載。

　　依第十四條規定（註三十六），對於運送人特別適用於海上航程的義務為，運送人必須在開航前、開航當時和海上航程中謹慎處理：

　　（1）使船舶處於且保持適航狀態；

　　（2）妥善配備船員、裝備船舶和補給供應品，且在整個航程中保持此種配備、裝備和補給；並且

　　（3）使貨艙、船舶所有其他載貨處所和由運送人提供的載貨貨櫃適於且能安全接收、運輸和保管貨物，且保持此種狀態。

　　復依第十七條第一項規定（註三十七），如果索賠人證明，貨物滅失、損壞或者遲延交付，或者直接造成、促成了滅失、損壞或者遲延交付的事件或者該情形是在第 4 章規定的運送人責任期間內發生的，運送人應當對貨物滅失、損壞和遲延交付負賠償責任。

　　同條第五項規定（註三十八），運送人雖具有本條第三

項規定（免責事由），但在下列情況下，應對貨物之滅失、損壞或者遲延交付的全部或者部分負賠償責任：

（1）索賠人能證明，造成或者可能造成，促成或者可能促成滅失、損壞或者遲延交付的原因是：

Ⅰ.船舶不適航；

Ⅱ.配備船員、裝備船舶和補給供應品不當；或者

Ⅲ.貨艙、船舶其他載貨處所或者由承運人提供的載貨貨櫃不適於且不能安全接收、運輸和保管貨物；並且

（2）承運人無法證明：

Ⅰ.造成滅失、毀損或者遲延交付的原因不是本條第5 項第（1）項述及的任何事件或者情形；或者

Ⅱ.運送人遵守了第14 條所規定的合理謹慎義務。

依據「鹿特丹規則」第十八條之規定（註三十九），運送人尚須對於下列之人的作為或者不作為致違反本公約對運送人規定的義務時，運送人應當負賠償責任：

（1）任何履約人（註四十）；

（2）船長或者船員；

（3）運送人的受雇人或者履約人的受雇人；或者

（4）履行或者承諾履行運送契約規定的運送人義務的其他任何人，以該人按照運送人的要求，或者在運送人的監督或者控制下直接或者間接之作為為限。

依據「鹿特丹規則」第十九條之規定（註四十一），海運履約人（註四十二）的賠償責任：

1.在符合下列條件下，海運履約人必須承擔本公約對運送人規定的義務和賠償責任，且有權享有本公約對運送人規

定的抗辯和賠償責任限制：

（1）海運履約人在一締約國為運送之目的而接收了貨物或者在一締約國交付了貨物，或者在一締約國某一港口履行了與貨物有關的各種活動；並且

（2）造成滅失、毀損或者遲延交付的事件發生在：

Ⅰ.貨物到達船舶裝貨港至貨物離開船舶卸貨港的期間內；

Ⅱ.貨物在海運履約人掌管期間內；或者

Ⅲ.海運履約人參與履行運送契約條款所記載任何活動的其他任何時間內。

2.運送人約定在本公約對其規定的義務範圍之外承擔義務，或者約定其賠償責任限額高於本公約所規定之限額，海運履約人不受該約定的約束，除非海運履約人能明確約定接受該義務或者該更高限額。

3.符合本條第1項所列條件，對於受海運履約人之委託，履行運送契約約定的運送人義務之人，違反本公約對海運履約人規定的義務之作為或者不作為，海運履約人負賠償責任。

4.本公約規定一律不要求船長或者船員、運送人的受雇人或者海運履約人的受雇人負賠償責任。

依據「鹿特丹規則」第二十條之規定（註四十三），運送人對於貨物滅失、毀損或者遲延交付情況發生時，當其與一個或者數個海運履約人均負有賠償責任者，其賠償責任為連帶責任，但此僅限於本公約所規定的限額。同時在不影響第61條（註四十四）

的情況下，上述所有之人的累計賠償責任總額不得超過本公約所規定的賠償責任總限額。

依據「鹿特丹規則」第二十五條第一項之規定（註四十五），運送人對於甲板運送須僅限於下列情形：

1.根據法律的要求進行此種運送；

2.貨物載於適合甲板運送的貨櫃內或者車輛內，而甲板專門適於載運此類貨櫃或者車輛；或者

3.甲板運送符合運送契約或者相關行業的習慣、慣例。

運送人倘若違反規定時，對於完全由於甲板載運貨物所造成的貨物滅失、毀損或者遲延交付，運送人應負賠償責任，且無權享有第 17 條所規定的抗辯權利。

（三）運送人的賠償責任限額

依據「鹿特丹規則」第二十二條之規定（註四十六），對於貨物滅失或者毀損之賠償額計算，按照下列標準計算：

1.除第 59 條另有規定外，運送人對貨物滅失或者毀損應支付的賠償額，按照貨物在根照第 43 條（註四十七）所確定的交貨地和交貨時間的價值計算。

2.貨物價值按照商品交易價格確定，無商品交易價格者，按照其市場價格確定，既無商品交易價格又無市場價格的，按照交貨地同種類、同品質之貨物的一般價值確定。

3.貨物發生滅失或者毀損時，運送人對超出上述 1 和 2 所規定的賠償額，不負任何賠償責任，除非運送人與託運人在第 16 章（註四十八）的規定下，其約定了賠償額的不同計算方法。

「鹿特丹規則」第五十九條之規定（註四十九），為運送人之賠償責任限額規定，除第 60 條（註五十）以及第 61 條第一項（註五十一）另有規定外，運送人對於違反本公約對其規定的義務所負賠償責任的限額，按照索賠或者爭議所涉貨物的件數或者其他貨運單位計算，每件或者每個其他貨運單位以 875 個計算單位，或者按照索賠或者爭議所涉貨物的淨重計算，每公斤 3 個計算單位，以兩者中較高限額為準。但貨物價值已由託運人申報且在契約條款中記載，或者運送人與託運人已另行約定高於本條所規定的賠償責任限額的，不在此列。

對於貨物載於貨櫃、墊板或者拼裝貨物的類似裝運器具內，或者裝載於車輛內運送，契約條款中明確記載，裝載於此種裝運器具內或者車輛內的貨物件數或者貨運單位數，視為貨物之件數或者貨運單位數。未記載時，裝載於此種裝運器具內或者車輛內的貨物視為一個貨運單位。

至於本條所規定的——計算單位，是「國際貨幣基金組織」（International Monetary Fund：IMF）（註五十二）定義的「特別提款權」（Special Drawing Right：SDR）（註五十三）。而本條規定的限額，須按照一國國家貨幣在判決日或者裁決日，或者在當事人約定日的幣值折算成該國貨幣。對於一締約國是「國際貨幣基金組織」成員國時，該國貨幣對「特別提款權」的比價，須按照「國際貨幣基金組織」當日對其業務和交易實行的計價換算方法計算。一締約國不是「國際貨幣基金組織」成員國時，該國貨幣對「特別提款權」的比價，須按照該國確定的方式計算。

（四）運送人的免責事由

依照「鹿特丹規則」第十七條第三項之規定（註五十四），除證明不存在本條第 2 項規定的過失之外，如果運送人證明下列一種或者數種事件或者情形直接造成、促成了滅失、毀損或者遲延交付，也可免除運送人依照本條第 1 項規定所負的全部或者部分賠償責任：

（a）天災；

（b）海上或者其他通航水域的風險、危險和事故；

（c）戰爭、敵對行動、武裝衝突、海盜、恐怖活動、暴亂和民變；

（d）檢疫限制；政府、公共當局、統治者或者人民的干涉或者造成的障礙，包括非由運送人或者第 18 條所述的任何人所造成的滯留、扣留或者扣押；

（e）罷工、關廠、停工或者勞動受限；

（f）船上發生火災；

（g）通過合理的謹慎無法發現的潛在缺陷；

（h）託運人、單證託運人、控制人或者根據第 33 條或者第 34 條託運人或者單證託運人對其作為承擔責任的其他任何人的作為或者不作為；

（i）按照第 13 條第 2 項所述之約定而進行的貨物裝載、操作、堆存或者卸載，除非運送人或者履約人代表託運人、單證託運人或者收貨人實施此項活動；

（j）由於貨物固有缺陷、品質或者瑕疵而造成的數量或者重量減少或者其他任何滅失或者毀損；

（k）非由運送人或者代其行事的人所做包裝不良或者標誌欠缺、不清；

（l）海上救助或者意圖救助人命；

（m）海上救助或者意圖救助財產的合理措施；

（n）避免或者意圖避免對環境造成危害的合理措施；或者

（o）運送人根據第 15 條和第 16 條所賦權利的作為。

依照「鹿特丹規則」第二十四條之規定（註五十五），偏航雖依照準據法構成違反運送人義務，但此種偏航本身不得剝奪本公約為運送人或者海運履約人提供的任何抗辯或者賠償責任限制。但依照第 61 條規定的情形除外。換言之，在不違反第六十一條之規定下，即可主張免除賠償責任或是賠償責任限額

依照「鹿特丹規則」第二十五條第一項（註五十六）根據法律的規定進行甲板運送或者甲板運送符合運送契約或者相關行業的習慣、慣例者，運送人對於甲板載運貨物涉及的特殊風險所造成的貨物滅失、毀損或者遲延交付，不負賠償責任。

依照「鹿特丹規則」第八十一條之規定（註五十七），運送人運送之貨物是活動物，雖有第 79 條（註五十八）的規定，但在不影響第 80 條（註五十九）的情況下，運送契約可以排除或者限制運送人和海運履約人的義務或者賠償責任；但如果索賠人能證明，貨物滅失、毀損或者遲延交付，是由於運送人或者第 18 條（註六十）所述的人，其故意造成此種貨物滅失、毀損或者此種遲延損失的作為或者不作為所導致

的，或者是明知可能產生此種滅失、毀損或者此種遲延損失而輕率地作為或者不作為所導致的，則任何此種排除或者限制責任條款之約定均屬無效。

肆、國際海上貨物運送公約之運送人責任之比較

一、運送人責任期間之比較

針對「海牙規則」、「威士比規則」、「漢堡規則」、「鹿特丹規則」中運送人責任期間之比較，列表如下：

海牙規則	威士比規則	漢堡規則	鹿特丹規則
1.從貨物裝載上船至卸載下船為止的期間。 2.所謂"裝載上船起至卸載下船止"可分為兩種情況： （1）是在使用船上吊桿裝卸貨物，裝載貨物時，貨物掛上船舶吊桿的吊鉤時起至卸載下貨時貨物	1.從貨物裝載上船至卸載下船為止的期間。 2.所謂"裝載上船起至卸載下船止"可分為兩種情況： （1）是在使用船上吊桿裝卸貨物，裝載貨物時，貨物掛上船舶吊桿的吊鉤時起至卸載下貨時貨物	1.運送人對於貨物在裝貨港、在運送途中及在卸貨港由其掌管的全部期間擔負責任。 2.運送人在以下所述之起迄期間視為掌管貨物： （1）自下列之人處所接收貨物之時起： Ⅰ.託運人或	1.運送人的責任期間為： （1）運送人依照本公約對貨物的責任期間，自運送人或者履約人為運送之目的接收貨物之時開始，至交付貨物之時止。 （2） Ⅰ.收貨地的法律或者條例要求將貨物交給

脫離吊鉤時為止，即「鉤至鉤」期間。 （2）是使用岸上起重機裝卸，則以貨物越過船舷為界，即「舷至舷」期間由運送人應對貨物之毀損、滅失負責。	脫離吊鉤時為止，即「鉤至鉤」期間。 （2）是使用岸上起重機裝卸，則以貨物越過船舷為界，即「舷至舷」期間由運送人應對貨物之毀損、滅失負責。	其代表人；或 Ⅱ.依據裝貨港適用的法律或規章，貨物必須交其裝船的當局或其他第三人； （2）其他依以下方式交付貨物之時為止： Ⅰ.把貨物交給收貨人；或 Ⅱ.收貨人不自運送人收受貨物時，按照契約或卸貨港適用的法律或特定行業習慣，把貨物留給收貨人處置；或 Ⅲ.把貨物交給依據卸貨港適用的法律或規章貨物必須交給的當局或其他第三人。 3.「漢堡規則」第四條第一項及第二項規定，運送人對貨物的責任期間包括在裝貨港、在運輸途中以及在卸貨港，貨物在承運人掌管的全	某當局或者其他協力廠商，運送人可以該當局或者該其他協力廠商提取貨物的，運送人責任期間自運送人從當局或從該其他協力廠商提取貨物時開始。 Ⅱ.交貨地的法律或者條例要求將貨物交給某當局或者其他協力廠商，收貨人可以從該當局或者該其他協力廠商提取貨物的，運送人責任期間至運送人將貨物交該當局或者該其他協力廠商時終止。 （3）為確定運送人責任期間，各方當事人可以約定接收和交付貨物的時間和地點，但運送契約條款有下列即為無效： Ⅰ.接收貨物的時間是在根據運送契約開始

		部期間。即運送人的責任期間從運送人接管貨物時起到交付貨物時止。即其責任期間擴展到「港至港」期間。。	接受貨物後，或者 Ⅱ.交付貨物的時間是在根據運送契約完成卸載貨物之前。據此，鹿特丹規則之適用期間及責任期，包括運送人整個貨物保管期間，包括收貨迄交貨為止之期間，責任以運送人是否負責保管貨物為主，因此排除貨物依當地規定應交予主管機關之期間。

　　由上表可得知，「海牙規則」與「威士比規則」對於運送人責任期間，均採取散雜貨運送-「鉤至鉤」（tackle to tackle）期間，即貨物裝載掛鉤後由運送人開始承擔責任，至貨物抵達目的港卸載卸鉤時為止，運送人解除責任；貨櫃運送-「舷至舷」（board to board）期間，即貨櫃裝載時，起重機吊掛貨櫃過船舷時起由運送人開始承擔責任，至貨櫃於目的港由起重機卸載吊掛貨櫃過船舷時止，運送人解除責任。

　　至於「漢堡規則」對於運送人責任期間，以貨物在裝貨港、在運送途中及在卸貨港由其掌管的全部期間承擔責任。即運送人的責任期間從運送人接收貨物時起到交付貨物時止，責任期間擴展-「港至港」（port to port）期間。

　　「鹿特丹規則」對於運送人責任期間，自運送人或者履

約方為運送之目的而接收貨物時開始，至貨物交付時終止，責任期間擴展-「門至門」（door to door）期間。

因此，伴隨著國際貿易之興盛，對於顧客（即託運人）服務之提升，以及因應航運同業間競爭之壓力，致使海上運送之運送人責任期間不斷延伸，終至演變為「門至門」（door to door）期間。

二、運送人最低限度義務之比較

針對「海牙規則」、「威士比規則」、「漢堡規則」、「鹿特丹規則」中運送人之最低限度義務之比較，列表如下：

海牙規則	威士比規則	漢堡規則	鹿特丹規則
1.運送人必須在開航前和開航時，謹慎處理，使航船處於適航狀態，妥善配備合格船員，裝備船舶和配備供應品；使貨艙、冷藏艙和該船其他載貨處所能適當而安全地接受、載運和保管貨	1.承運人必須在開航前和開航時，謹慎處理，使航船處於適航狀態，妥善配備合格船員，裝備船舶和配備供應品；使貨艙、冷藏艙和該船其他載貨處所能適當而安全地接受、載運和保管貨物。即所謂「船舶適航性」之維	1.船舶適航性及照料貨物之責任未予明訂。2.第五條規定，運送人對於貨物的滅失或毀損以及遲延交付所引起的損害，如導致滅失、損毀或遲延交付的事件發生於第四條所訂明的貨物由運送人掌管的期間，須負賠償	1.運送人特別適用於海上航程的義務為，運送人必須在開航前、開航時和海上航程中謹慎處理：（1）使船舶處於且保持適航狀態；（2）妥善配備船員、裝備船舶和補給供應品，且在整個航程中保持此

物。即所謂「船舶適航性」之維持。
2.運送人對於貨物應妥善地和謹慎地裝載、操作、堆存、運送、保管、照料與卸載。
3.運送人基於自己的故意或過失行為致貨物有滅失、毀損時，應負賠償責任。

持。
2.運送人對於貨物應妥善地和謹慎地裝載、操作、堆存、運送、保管、照料與卸載。
3.運送人基於自己的故意或過失行為致貨物有滅失、毀損時，應負賠償責任。

責任。
3.
（1）運送人對於以下的貨物滅失、損毀或遲延交付，負賠償責任：
Ⅰ.因火災而引致的貨物的滅失、損毀或遲延交付，如索賠人能證明火災是由於運送人、或其受雇人、代理人的故意或過失所致。
Ⅱ.索賠人能證明由於運送人、或其受雇人、代理人在採取可以合理要求的一切措施以撲滅火災和防止或減輕其後果方面的故意或過失而引起的滅失、損毀或遲延交付。
（2）於船上發生火災而影響到貨物時，如果索賠人或運送人要求，必須按照航運習慣，對火災的起因和情況進行調查，調查人員的

種配備、裝備和補給；並且
（3）使貨艙、船舶所有其他載貨處所和由運送人提供的載貨貨櫃適於且能安全接收、運輸和保管貨物，且保持此種狀態。
2.運送人應當妥善而謹慎地接收、裝載、操作、堆存、運輸、保管、照料、卸載並交付貨物。
3.第十七條第一項規定，如果索賠人能證明，貨物滅失、毀損或者遲延交付，或者直接造成、促成了滅失、毀損或者遲延交付的事件或者情形是在第4章規定的運送人責任期間內發生時，運送人應當對貨物滅失、毀損和遲延交付負賠償責任。
4.第十七條第

		報告副本應依規定送交運送人和索賠人。 4.關於活的動物，經證明滅失、損毀或遲延交付的全部或一部是由於運送人、或其受雇人、代理人的故意或過失所造成者，應負賠償責任。 5.運送人、或其受雇人、代理人的故意或過失與另一原因結合而產生滅失、損毀或遲延交付時，運送人僅對於滅失、損毀或遲延交付可以歸責於此種故事或過失的限度內負賠償責任，但運送人須證明不可歸因於此種故意或過失所致滅失、損毀或遲延交付的數額。	五項規定，運送人雖具有本條第三項規定（免責事由），但在下列情況下，應對貨物之滅失、毀損或者遲延交付的全部或者部分負賠償責任： （1）索賠人能證明直接造成、或者可能造成，促成或者可能促成滅失、毀損或者遲延交付的原因是： Ⅰ.船舶不適航； Ⅱ.配備船員、裝備船舶和補給供應品不當；或者 Ⅲ.貨艙、船舶其他載貨處所或者由承運人提供的載貨貨櫃不適於且不能安全接收、運送和保管貨物；並且 （2）運送人無法證明： Ⅰ.造成滅失、毀損或者遲延

| | | | 交付的原因不是本條第五項第（1）款述及的任何事件或者情形；或者
II.運送人遵守了第 14 條所規定的合理謹慎義務。
5.第十八條之規定，運送人尚須對於下列之人的作為或者不作為，致違反本公約對運送人規定的義務時，運送人應當負賠償責任：
（1）任何履約人；
（2）船長或者船員；
（3）運送人的受雇人或者履約人的受雇人；或者
（4）履行或者承諾履行運送契約條款的運送人義務的其他任何人，以及該人依照運送人的要求，或者在運送人的監督或者控制下直接或者 |

			間接之作為為限。 6.第二十五條之規定，運送人對於甲板運送須僅限於下列情形： （1）根據法律的要求進行此種運送； （2）貨物載於適合甲板運送的貨櫃內或者車輛內，而甲板專門適於載運此類貨櫃或者車輛；或者 （3）甲板運送符合運送契約或者相關行業的習慣、慣例。 倘若違反時，對於完全由於甲板載運貨物所造成的貨物滅失、毀損或者遲延交付，運送人應負賠償責任，且無權享有第十七條規定的抗辯權利。

　　由上表可得知，「海牙規則」與「威士比規則」對於運送人最低限度義務責任採取發航前及發航時之「維持船舶適航性」與發航後至交貨時之「維持貨物照料」的分階段義務

方式，違反義務者將承擔賠償責任，並且儘對於貨物之滅失、損毀負其責任。

　　至於「漢堡規則」對於船舶適航性及照料貨物之責任未予明訂，但此並非漏未規定，而係認為在第五條所規定之運送人對於貨物的滅失、損毀或遲延交付所引起的損害，如導致滅失、損毀或遲延交付的事件發生於第四條所訂明的貨物由運送人掌管的期間，須負賠償責任即足以表明運送人所負最低限度之義務，不須明訂而採「默示原則」。同時，對於貨物之滅失、損毀或遲延交付應負其責任，較「海牙規則」與「威士比規則」多承擔「遲延交付」之責任。

　　「鹿特丹規則」對於運送人最低限度義務責任亦採取分階段義務方式，即運送人必須在開航前、開航時和海上航程中謹慎處理：

　　1.使船舶處於且保持適航狀態；

　　2.妥善配備船員、裝備船舶和補給供應品，且在整個航程中保持此種配備、裝備和補給；並且

　　3.使貨艙、船舶所有其他載貨處所和由運送人提供的載貨貨櫃適於且能安全接收、運輸和保管貨物，且保持此種狀態。

　　同時，運送人應當妥善而謹慎地接收、裝載、操作、堆存、運輸、保管、照料、卸載並交付貨物。其中，「鹿特丹規則」對於「維持船舶適航性」之最低限度義務，由海牙規則、威士比規則、默示之漢堡規則採取的「發航前及發航時」延伸擴大至「海上航程中」，無異增加運送人之最低限度責任。另一方面，運送人對於貨物之滅失、損毀或遲延交付應

負其責任，此與「漢堡規則」相同，但比「海牙規則」與「威士比規則」多承擔「遲延交付」之責任。

三、運送人賠償責任限額之比較

針對「海牙規則」、「威士比規則」、「漢堡規則」、「鹿特丹規則」中運送人賠償責任限額之比較，列表如下：

海牙規則	威士比規則	漢堡規則	鹿特丹規則
不論運送人或船舶，在任何情況下，對貨物或與貨物有關的滅失或毀損，每件或每單位超過100英鎊或與其等值的其他貨幣時，在任何情況下都不負責；但託運人於裝貨前已就該項貨物的性質和價值提出聲	1.除非在裝貨前，託運人已聲明該貨物的性質和價值，並記載於載貨證券，否則，在任何情況下，運送人或船舶對貨物所遭受的或有關的任何滅失或毀損，每件或每單位的金額超過10,000法郎的部分，或按滅失或毀損的貨物每公斤	1.運送人按照第五條的規定對於貨物的滅失或毀損引起的損害所負的賠償責任，限於相當於所滅失或毀損的貨物每包或其他貨運單位835記帳單位或總重量每公斤2.5記帳單位的數額，以較高的數額為準。 2.運送人按照第五條的規定對於遲延交付所	1.對於貨物滅失或者毀損之賠償額計算，按照下列標準計算： （1）除第59條另有規定外，運送人對貨物滅失或者毀損應支付的賠償額，按照貨物在依照第43條確定的交貨地和交貨時間的價值計算。 （2）貨物價值

明，並已在載貨證券上記載者，不在此限。	淨重超過30法郎的部分，均不負責任，兩者以較高的金額為準。 2. （1）全部賠償總額應依照貨物運送契約從船上卸下或應卸下的當地當時的價值計算。 （2）貨物價值應按照商品交易價格確定，或者如商品交易價格時，則按現行市場價格確定，或者 （3）如既無商品交易所價格又無現行市場價格時，則按照同種類、同品質貨物的一般價值確定。 3.如果貨物是	負的賠償責任，限於相當於對遲延交付的貨物所應支付費用2.5倍的數額，但不得超過按照海上貨物運送契約所應支付的運費總額。 3.運送人根據前二項的賠償總額，不得超過根據第一項對於貨物全部滅失所應負的全部賠償責任限額。 4.為計算按照本條第一項規定之哪一個數額較高的目的，應適用下列規則： （1）使用貨櫃、托盤或類似載貨之物件而併裝貨物時，載貨證券內或未發給載貨證券	根據商品交易價格確定，無商品交易價格時，按照其市場價格確定，既無商品交易價格又無市場價格的，按照交貨地同種類、同品質貨物的一般價值確定。 （3）貨物發生滅失或者毀損的，運送人對超出上述（1）和（2）所規定的賠償額，不負任何賠償責任，除非運送人與託運人在第16章的限額內約定了賠償額的不同計算方法。 2.運送人之賠償責任限額規定，除第60條

| | 用貨櫃、托盤或類似的裝運器具拼裝時，載貨證券中所載明的、裝在這種裝運器具中的件數或單位數，應視為就本款所指的件數或單位數；除上述情況外，應視為此種裝運器具即是件或單位。
4.一個法郎是指一個含有純度為 900/1000 的黃金 65.5 毫克的單位。
5.裁決的賠償數額兌換成國家貨幣的日期，應由受理該案法院的法律規定。 | 時作為海上運送契約證明的任何其他文件內，列明包裝在這種載貨物件內的包或其他貨運單位視為一個包或貨運單位。除上述情況外，這種載貨物件內的貨物視為一個貨運單位。
（2）於載貨物件本身滅失或毀損時，如該載貨物件並非運送人所擁有或供給，則視為一個單獨的貨運單位。
5.記帳單位是指第二十六條所述的「記帳單位」（即國際貨幣基金組織所規定的特別提款權「Special | 以及第 61 條第一項另有規定外，運送人對於違反本公約對其規定的義務所負賠償責任的限額，按照索賠或者爭議所涉貨物的件數或者其他貨運單位計算，每件或者每個其他貨運單位以 875 個計算單位計算，或者按照索賠或者爭議所涉貨物的淨重計算，每公斤為 3 個計算單位，以兩者中較高限額為準，但貨物價值已由託運人申報且在契約條款中載明的，或者運送人與託運人已 |

		Drawing Right ；SDR」)。6.運送人和託運人可以以協議訂定超過第一項所規定的責任限額。	另行約定高於本條所規定的賠償責任限額的，不在此限。3.對於貨物裝載於貨櫃、托盤或者拼裝貨物的類似裝運器具內，或者裝載於車輛內運送者，契約條款中明確記載，裝載於此種裝運之器具內或者車輛內的貨物件數或者貨運單位數，視為貨物件數或者貨運單位數。未記載者，裝載於此種裝運之器具內或者車輛內的貨物視為一個貨運單位。4.至於本條述

			及的計算單位，是國際貨幣基金組織定義的特別提款權「Special Drawing Right：SDR」。
			5.本條規定的限額，須按照一國國家貨幣在判決日或者裁決日，或者在當事人約定日的幣值折算成該國貨幣。
			6.對於一締約國是國際貨幣基金組織之成員國，該國貨幣對特別提款權的比價，須按照國際貨幣基金組織當日對其業務和交易實行的計價換算方法計算。
			7.一締約國不是國際貨幣基

			金組織之成員國，該國貨幣對特別提款權的比價，須按照該國確定的方式計算。 8.除第 61 條第 2 款另有規定外，對遲延交付造成貨物滅失或者毀損的賠償額，應當按照第 22 條計算，對遲延交付造成經濟損失的賠償責任限額，是相當於遲交貨物應付運費 2.5 倍的數額。根據本條以及第 59 條第 1 項確定的賠付總額，不得超過所涉貨物全損時根據第 59 條第 1 項確定的限額。

由上表可得知，「海牙規則」對於運送人賠償責任之限額，主要係規定貨物之滅失或毀損以每件或每單位以 100 英鎊或其他等值貨幣作為最高賠償額度。

「威士比規則」則以貨物之滅失或毀損，以每件或每單位以 10,000 金法郎，或者以每公斤（淨重）30 金法郎，兩者以較高的金額為準，作為最高賠償額度。

「漢堡規則」係以貨物之滅失或毀損以每包或其他貨運單位以 835 SDR 計算或以每公斤（總重量）2.5 SDR 數額計算，兩者以較高的金額為準，作為最高賠償額度；對於貨物之遲延交付賠償責任，限於相當於對遲延交付的貨物所應支付費用 2.5 倍的數額，但不得超過按照海上貨物運送契約所應支付的運費總額。

「鹿特丹規則」係以貨物之滅失或毀損以每件或者每個其他貨運單位以 875 SDR 計算，或者以每公斤（淨重）3 SDR 計算，以兩者中較高之金額為準，作為最高賠償之額度；至於貨物之遲延交付賠償責任，限於相當於對遲延交付的貨物所應支付費用 2.5 倍的數額，但不得超過按照海上貨物運送契約所應支付的運費總額。

四、運送人免責事由之比較

針對「海牙規則」、「威士比規則」、「漢堡規則」、「鹿特丹規則」中運送人免責事由之比較，列表如下：

海牙規則	威士比規則	漢堡規則	鹿特丹規則
1.依照「海牙規則」第四條第二項之規定，對於運送人的免責事由作了十七款列舉規定，分別為：（1）船長、船員、引水員或運送人的僱用人員，在航行或管理船舶中的行為、過失或不履行義務。（2）火災，但由於運送人的故意或過失所引起的除外。（3）海上或其它可航水域的災難、危險和意外事故。（4）天災。	1.依照「海牙規則」第四條第二項之規定，對於運送人的免責事由作了十七款列舉規定，分別為：（1）船長、船員、引水員或運送人的僱用人員，在航行或管理船舶中的行為、過失或不履行義務。（2）火災，但由於運送人的故意或過失所引起的除外。（3）海上或其它可航水域的災難、危險和意外事故。（4）天災。（5）戰爭行為。（6）敵對行為。	1.依照「漢堡規則」第五條第一項但書規定，運送人能證明本人、或其受僱人、代理人為避免該事件之發生，及其後果曾採取可能合理要求的一切措施者，不負賠償責任。2.同條第四項規定，對於因火災而引致的貨物的毀損、滅失或遲延交付，如索賠人不能證明火災是由於運送人、或其受僱人、代理人的故意或過失所致者，不負賠償責任。以及索賠人不能證	1.依照「鹿特丹規則」第十七條第三項之規定，除證明不存在本條第二項規定的過失之外，如果運送人證明下列一種或者數種事件或者情形直接造成、促成了滅失、毀損或者遲延交付，也可免除運送人依照本條第一項規定所負的全部或者部分賠償責任：（1）天災；（2）海上或者其他通航水域的風險、危險和事故；（3）戰爭、敵對行動、武裝衝突、海盜、

（5）戰爭行為。 （6）敵對行為。 （7）君主、當權者或人民的扣留或管制，或依法扣押。 （8）檢疫限制。 （9）託運人或貨主、及其代理人或代表的行為或不行為。 （10）不論由於任何原因所引起的局部或全面罷工、關廠停止或限制工作。 （11）暴動和騷亂。 （12）救助或企圖救助海上人命或財產。 （13）由於貨	（7）君主、當權者或人民的扣留或管制，或依法扣押。 （8）檢疫限制。 （9）託運人或貨主、及其代理人或代表的行為或不行為。 （10）不論由於任何原因所引起的局部或全面罷工、關廠停止或限制工作。 （11）暴動和騷亂。 （12）救助或企圖救助海上人命或財產。 （13）由於貨物的固有缺點、性質或缺陷引起的體積或重量減少，或任何其它滅失或損壞。 （14）包裝不固。 （15）標誌不清	明貨物之毀損、滅失或遲延交付係由於運送人、或其受雇人、代理人無法採取可以合理要求的一切措施以撲滅火災和防止或減輕其後果方面的故意或過失而引起的，不負賠償責任。 3.同條第五項規定，關於活的動物，運送人對於此類運送固有的任何特別危險所引起的毀損、滅失或遲延交付不負賠償責任。但是如果運送人能證明他已遵行託運人所給予他的關於動物的任	恐怖活動、暴亂和民變； （4）檢疫限制；政府、公共當局、統治者或者人民的干涉或者造成的障礙，包括非由運送人或者第 18 條所述的任何人所造成的滯留、扣留或者扣押； （5）罷工、關廠、停工或者勞動受限； （6）船上發生火災； （7）透過合理的謹慎無法發現的潛在缺陷； （8）託運人、單證託運人、控制人或者根據第 33 條或者第 34 條託運人或者單證

物的固有缺點、性質或缺陷引起的體積或重量減少，或任何其它滅失或損壞。

（14）包裝不固。

（15）標誌不清或不當。

（16）雖善盡職責亦不能發現的潛在性瑕疵。

（17）非由於運送人的故意或過失，或者運送人的代理人，或僱用人員的故意或過失所引起的其它任何原因。

2.對於任何非因託運人、託運人的代理人或其受僱人的行為、過

或不當。

（16）雖善盡職責亦不能發現的潛在性瑕疵。

（17）非由於運送人的故意或過失，或者運送人的代理人，或僱用人員的故意或過失所引起的其它任何原因。

2.對於任何非因託運人、託運人的代理人或其受僱人的行為、過失或疏失所引起致使運送人或船舶遭受的滅失或損壞，託運人不負責任。

3.為救助或企圖救助海上人命或財產而發生的偏航，或任何合理偏航，都不能作為破壞或違反本公約或

何特別指示，而且按照實際情況，毀損、滅失或遲延交付可以歸責於此種危險時，除經證明毀損、滅失或遲延交付的全部或一部是由於運送人、或其受雇人、代理人的故意或過失所造成外，應即推定毀損、滅失或遲延交付是由於此種危險所引致。

4.同條第六項規定，除為分擔共同海損外，運送人對於因救助海上人命的措施或救助海上財產的合理措施而引起的毀損、

託運人對其作為承擔責任的其他任何人的作為或者不作為；

（9）按照第13條第2項所述之約定而進行的貨物裝載、操作、堆存或者卸載，除非運送人或者履約人代表託運人、單證託運人或者收貨人實施此項活動；

（10）由於貨物固有缺陷、品質或者瑕疵而造成的數量或者重量減少或者其他任何滅失或者毀損；

（11）非由運送人或者代其行事的人所做包裝不良或者

失或疏失所引起致使運送人或船舶遭受的滅失或損壞，託運人不負責任。 3.為救助或企圖救助海上人命或財產而發生的偏航，或任何合理偏航，都不能作為破壞或違反本公約或運輸契約的行為；運送人對由此而引起的任何滅失或損害，都不負責。 4. （1）運送人或是船舶，在任何情況下對貨物或與貨物有關的滅失或損害，每件或每	運輸契約的行為；運送人對由此而引起的任何滅失或損害，都不負責。 4. （1）運送人或是船舶，在任何情況下對貨物或與貨物有關的滅失或損害，每件或每計費單位超過一百英鎊或與其等值的其他貨幣的部分，都不負責；但託運人於裝貨前已就該項貨物的性質和價值提出聲明，並已在載貨證券上註明者，不在此限。 （2）該項聲明如經載入載貨證券，即做為初步證據，但它對運送人並不具有約束力或最	滅失或遲延交付，不負賠償責任。	標誌欠缺、不清； （12）海上救助或者意圖救助人命； （13）海上救助或者意圖救助財產的合理措施； （14）避免或者意圖避免對環境造成危害的合理措施；或者 （15）運送人根據第 15 條和第 16 條所賦權利的作為。 2.依照「鹿特丹規則」第二十四條之規定，偏航雖依照準據法構成違反運送人義務，但此種偏航本身不得剝奪本公約為運送人或者海運履約

計費單位超過一百英鎊或與其等值的其他貨幣的部分,都不負責;但託運人於裝貨前已就該項貨物的性質和價值提出聲明,並已在載貨證券上註明者,不在此限。

(2)該項聲明如經載入載貨證券,即做為初步證據,但它對運送人並不具有約束力或最終效力。

(3)經運送人、船長或運送人的代理人與託運人雙方協議,可規定不同於本款規定的

終效力。

(3)經運送人、船長或運送人的代理人與託運人雙方協議,可規定不同於本款規定的另一最高限額,但該最高限額不得低於上述數額。如運送人在載貨證券上,故意謊報貨物性質或價值,則在任何情況下,運送人或是船舶,對貨物或與貨物有關的滅失或損害,都不負責。

5.運送人、船長或運送人的代理人對於事先不知性質而裝載的具有易燃、爆炸或危險性的貨物,可在卸貨前的任何時候將其卸在

人提供的任何抗辯或者賠償責任限制。但依照第 61 條賠償責任限制權的喪失規定的情形除外。換言之,在不違反第六十一條之規定下,即可主張免除賠償責任或是賠償責任限額

3.依照「鹿特丹規則」第二十五條第一項規定,依照法律的規定進行甲板運送或者甲板運送符合運送契約或者相關行業的習慣、慣例者,運送人對於甲板載運貨物涉及的特殊風險所造成的貨物滅失、毀損或者遲延交付,

另一最高限額，但該最高限額不得低於上述數額。如運送人在載貨證券上，故意謊報貨物性質或價值，則在任何情況下，運送人或是船舶，對貨物或與貨物有關的滅失或損害，都不負責。

5.運送人、船長或運送人的代理人對於事先不知性質而裝載的具有易燃、爆炸或危險性的貨物，可在卸貨前的任何時候將其卸在任何地點，或將其銷毀，或

任何地點，或將其銷毀，或使之無害，而不予賠償；該項貨物的託運人，應對由於裝載該項貨物而直接或間接引起的一切損害或費用負責。如果運送人知道該項貨物的性質，並已同意裝載，則在該項貨物對船舶或貨載發生危險時，亦得同樣將該項貨物卸在任何地點，或將其銷毀，或使之無害，而不負賠償責任，但如果發生共同海損不在此限。

不負賠償責任。

4.依照「鹿特丹規則」第八十一條之規定，運送人運送之貨物是活動物，雖有第79條的規定，但在不影響第80條的情況下，運送契約可以排除或者限制運送人和海運履約人的義務或者賠償責任；但如果索賠人能證明，貨物滅失、毀損或者遲延交付，是由於運送人或者第18條所述的人，其故意造成此種貨物滅失、毀損或者此種遲延損失的作為或者不作為所導致的，或

使之無害，而不予賠償；該項貨物的託運人，應對由於裝載該項貨物而直接或間接引起的一切損害或費用負責。如果運送人知道該項貨物的性質，並已同意裝載，則在該項貨物對船舶或貨載發生危險時，亦得同樣將該項貨物卸在任何地點，或將其銷毀，或使之無害，而不負賠償責任，但如果發生共同海損不在此限。			者是明知可能產生此種滅失、毀損或者此種遲延損失而輕率地作為或者不作為所導致的，則任何此種排除或者限制責任條款之約定均屬無效。

　　由上表可得知，「海牙規則」與「威士比規則」對於運送人可主張之免責事由:1.第四條第二項列舉17項免責事由之規定外；

2.對於任何非因託運人、託運人的代理人或其受僱人的行為之過失或疏忽所引起的滅失或損壞；3.為救助或企圖救助海上人命或財產而發生的偏航，或任何合理偏航，所引起的貨物任何滅失或毀損；4.故意謊報貨物性質或價值；5.事先不知性質而裝載的具有易燃、爆炸或危險性的貨物之任何滅失或毀損。

「漢堡規則」對於運送人可主張之免責事由：1.運送人能證明本人、或其受僱人、代理人為避免該事件之發生，及其後果曾採取可能合理要求的一切措施者；2.因火災而引致的貨物的毀損、滅失或遲延交付；3.活的動物，運送人對於此類運送固有的任何特別危險所引起的毀損、滅失或遲延交付；4.因救助海上人命的措施或救助海上財產的合理措施而引起的毀損、滅失或遲延交付。

「鹿特丹規則」對於運送人可主張之免責事由：1.第十七條第三項列舉 15 項免責事由之規定；2.偏航；3.合法甲板運送或者甲板運送符合運送契約或者相關行業的習慣、慣例者；4.活動物，雖有第 79 條的規定，但在不影響第 80 條的情況下，運送契約可以排除或者限制賠償責任。

基此，「海牙規則」、「威士比規則」與「鹿特丹規則」均對於運送人免責事由列舉出具體的事由，其中「海牙規則」、「威士比規則」有 17 項，「鹿特丹規則」有 15 項，其比較如下表

海牙規則、威士比規則	鹿特丹規則
船長、船員、引水人或運送人的僱用人員，在航行或管理船舶中的行為、過失或不履行義務。	

火災，但由於運送人的故意或過失所引起的除外。	船上發生火災。
海上或其它可航水域的災難、危險和意外事故。	海上或者其他可航水域的風險、危險和事故。
天災。	天災。
戰爭行為。 敵對行為。 暴動和騷亂。	戰爭、敵對行動、武裝衝突、海盜、恐怖活動、暴亂和民變。
君主、當權者或人民的扣留或管制，或依法扣押。 檢疫限制。	檢疫限制；政府、公共當局、統治者或者人民的干涉或者造成的障礙，包括非由運送人或者第 18 條所述的任何人所造成的滯留、扣留或者扣押。
託運人或貨主、及其代理人或代表的行為或不行為。	託運人、單證託運人、控制人或者根據第 33 條或者第 34 條託運人或者單證託運人對其作為承擔責任的其他任何人的作為或者不作為。
不論由於任何原因所引起的局部或全面罷工、關廠停止或限制工作。	罷工、關廠、停工或者勞動受限。
救助或企圖救助海上人命或財產。	海上救助或者意圖救助人命
	海上救助或者意圖救助財產的合理措施
由於貨物的固有缺點、性質或缺陷引起的體積或重量減少，或任何其它滅失或損壞。	由於貨物固有缺陷、品質或者瑕疵而造成的數量或者重量減少或者其他任何滅失或者毀損。

包裝不固。 標誌不清或不當。	非由運送人或者代其行事的人所做包裝不良或者標誌欠缺、不清。
雖善盡職責亦不能發現的潛在性瑕疵	透過合理的謹慎無法發現的潛在性瑕疵。
非由於運送人的故意或過失，或者運送人的代理人，或僱用人員的故意或過失所引起的其它任何原因。	
	按照第 13 條第 2 項所述之約定而進行的貨物裝載、操作、堆存或者卸載，除非運送人或者履約人代表託運人、單證託運人或者收貨人實施此項活動。
	避免或者意圖避免對環境造成危害的合理措施。
	運送人根據第 15 條和第 16 條所賦權利的作為。

　　反觀「漢堡規則」並無明文列舉運送人免責事由，採取「默示立法例」，以「運送人能證明本人、或其受雇人、代理人為避免該事件之發生，及其後果曾採取可能合理要求的一切措施者，不負賠償責任。」之舉證免除賠償責任方式規範之。

伍、我國海商法運送人責任之規定

一、運送人責任期間

　　我國海商法貨物運送對於運送人責任期間之部份，雖立法當時受到「海牙規則」之影響，但並未比照「海牙規則」第一條第五款「貨物運送」的定義，明訂貨物運送的期間為從貨物裝載上船至卸載下船為止的期間。所謂「裝載上船起至卸載下船止」可分為兩種情況：一是在使用船上吊桿裝卸，裝貨時貨物掛上船舶吊桿的吊鉤時起至卸貨時貨物脫離吊鉤時為止，即「鉤至鉤」（tackle to tackle）期間。二是使用岸上起重機裝卸，則以貨物越過船舷為界，即「舷至舷」（board to board）期間運送人應對貨物之毀損、滅失負責。

　　但依我國海商法第五條之規定，「海商事件，依本法之規定，本法無規定者，適用其他法律之規定。」；依同法第一條之規定，「本法稱船舶者，謂在海上航行，或在與海相通之水面或水中航行之船舶。」；復依第七十五條之規定，「連續運送同時涉及海上運送及其他方法之運送者，其海上運送部份適用本法之規定。貨物毀損、滅失發生時間不明者，推定其發生於海上運送階段。」

因此，我國海商法之立法明顯係採納「海牙規則」之原則，僅在規範貨物「裝載至卸載」間之海上貨物運送關係。

二、運送人最低限度之責任

依照海商法第六十二條第一項規定，運送人或船舶所有人於發航前及發航時，對於下列事項，應為必要之注意及措置：

（一）使船舶有安全航行之能力。

（二）配置船舶相當船員、設備及供應。

（三）使貨艙、冷藏室及其他供載運貨物部分適合於受載、運送與保存。

同條第二項規定，船舶於發航後因突失航行能力所致之毀損或滅失，運送人不負賠償責任。

復依海商法第六十三條規定，運送人對於承運貨物之裝載、卸載、搬移、堆存、保管、運送及看守，應為必要之注意及處置。

因此，我國海商法對於運送人責任之最低限度規定，僅要求運送人或船舶所有人於發航前及發航時須具備有「安全航行能力」、「運航能力」與「宜載能力」，對於發航後因突失航行能力所致之毀損或滅失，運送人不負責任。

三、運送人之賠償責任限額

1.依照海商法第七十條第二項規定，運送人或船舶所有人對於貨物之毀損滅失，其賠償責任，以每件特別提款權666.67單位或每公斤特別提款權2單位計算所得之金額，兩者較高者為限。

2.對於上述所稱之件數，係指貨物託運之包裝單位。其以貨櫃、墊板或其他方式併裝運送者，應以載貨證券所載其內之包裝單位為件數。但載貨證券未經載明者，以併裝單位為件數。其使用之貨櫃係由託運人提供者，貨櫃本身得作為一件計算。

3. 由於運送人或船舶所有人之故意或重大過失，所發生之毀損或滅失，運送人或船舶所有人不得主張責任限額之利益。

四、運送人的免責事由

1.依照海商法第六十一條規定，以件貨運送為目的之運送契約或載貨證券記載條款、條件或約定，以減輕或免除運送人或船舶所有人，對於因過失或本章規定應履行之義務而不履行，致有貨物毀損、滅失或遲到之責任者，其條款、條件或約定不生效力。

　　據此，有關「件貨運送」（即「公共運送人」）之責任，對於運送契約或載貨證券記載條款、條件或約定，以減輕或免除運送人或船舶所有人責任，在運送人或船舶所有人之本人因過失或本章規定應履行之義務而不履行，致有貨物毀損、滅失或遲到之責任者，其條款、條件或約定不生效力。

　　2.依照海商法第六十九條之規定，因下列事由所發生之毀損或滅失，運送人或船舶所有人不負賠償責任：

　　（1）船長、海員、引水人或運送人之受僱人，於航行或管理船舶之行為而有過失。

　　（2）海上或航路上之危險、災難或意外事故。

　　（3）非由於運送人本人之故意或過失所生之火災。

　　（4）天災。

　　（5）戰爭行為。

　　（6）暴動。

　　（7）公共敵人之行為。

　　（8）有權力者之拘捕、限制或依司法程序之扣押。

　　（9）檢疫限制。

　　（10）罷工或其他勞動事故。

　　（11）救助或意圖救助海上人命或財產。

（12）包裝不固。

（13）標誌不足或不符。

（14）因貨物之固有瑕疵、品質或特性所致之耗損或其他毀損滅失。

（15）貨物所有人、託運人或其代理人、代表人之行為或不行為。

（16）船舶雖經注意仍不能發現之隱有瑕疵。

（17）其他非因運送人或船舶所有人本人之故意或過失及非因其代理人、受僱人之過失所致者。

3.依照海商法第七十條第一項規定，託運人於託運時故意虛報貨物之性質或價值，運送人或船舶所有人對於其貨物之毀損或滅失，不負賠償責任。

4.依照海商法第七十一條規定，為救助或意圖救助海上人命、財產，或因其他正當理由偏航者，不得認為違反運送契約，其因而發生毀損或滅失時，船舶所有人或運送人不負賠償責任。

5.依照海商法第七十二條規定，貨物未經船長或運送人之同意而裝載者，運送人或船舶所有人，對於其貨物之毀損或滅失，不負責任。

6.依照海商法第七十三條規定，運送人或船長如將貨物

裝載於甲板上，致生毀損或滅失時，應負賠償責任。但經託
運人之同意並載明於運送契約或航運種類或商業習慣所許者，
不在此限。

　　7.依照海商法第七十六條規定，本節有關運送人因貨物
滅失、毀損或遲到對託運人或其他第三人所得主張之抗辯及
責任限制之規定，對運送人之代理人或受僱人亦得主張之。
但經證明貨物之滅失、毀損或遲到，係因代理人或受僱人故
意或重大過失所致者，不在此限。前項之規定，對從事商港
區域內之裝卸、搬運、保管、看守、儲存、理貨、穩固、墊
艙者，亦適用之。

陸、我國海商法修正之芻議

　　一、有關運送人責任期間之規定，在「海牙規則」與「威士比規則」對於運送人責任期間，均採取散雜貨運送：「鉤至鉤」（tackle to tackle）期間，即貨物裝載掛鉤後由運送人開始承擔責任，至貨物抵達目的港卸載卸鉤時為止，運送人解除責任；貨櫃運送-「舷至舷」（board to board）期間，即貨櫃裝載時，起重機吊掛貨櫃過船舷時起由運送人開始承擔責任，至貨櫃於目的港由起重機卸載吊掛貨櫃過船舷時止，運送人解除責任。

　　至於「漢堡規則」對於運送人責任期間，以貨物在裝貨港、在運送途中及在卸貨港由其掌管的全部期間承擔責任。即運送人的責任期間從運送人接收貨物時起到交付貨物時止，責任期間擴展：「港至港」（port to port）期間。

　　「鹿特丹規則」對於運送人責任期間，自運送人或者履約方為運送之目的而接收貨物時開始，至貨物交付時終止，責任期間擴展：「門至門」（door to door）期間。

　　至於我國海商法則並未明文訂定，雖然我國海商法之立法明顯係採納「海牙規則」之原則，僅在規範貨物「裝載至卸載」間之海上貨物運送關係，但仍以明文規範為宜，建議日後海商法修正時，增列「運送人對貨物之責任期間自運送

人或履行人自收受運送之貨物開始至貨物交付時止。」條文規定。

二、有關運送人最低限度義務責任之規定,「海牙規則」與「威士比規則」對於運送人最低限度義務責任採取發航前及發航時之「維持船舶適航性」與發航後至交貨時之「維持貨物照料」的分階段義務方式,違反義務者將承擔賠償責任,並且儘對於貨物之滅失、損毀負其責任。

至於「漢堡規則」對於船舶適航性及照料貨物之責任未予明訂,但此並非漏未規定,而係認為在第五條所規定之運送人對於貨物的滅失、損毀或遲延交付所引起的損害,如導致滅失、損毀或遲延交付的事件發生於第四條所訂明的貨物由運送人掌管的期間,須負賠償責任即足以表明運送人所負最低限度之義務,不須明訂而採「默示原則」。同時,對於貨物之滅失、損毀或遲延交付應負其責任,較「海牙規則」與「威士比規則」多承擔「遲延交付」之責任。

「鹿特丹規則」對於運送人最低限度義務責任亦採取分階段義務方式,即運送人必須在開航前、開航時和海上航程中謹慎處理:

（一）使船舶處於且保持適航狀態;

（二）妥善配備船員、裝備船舶和補給供應品,且在整個航程中保持此種配備、裝備和補給;並且

（三）使貨艙、船舶所有其他載貨處所和由運送人提供的載貨貨櫃適於且能安全接收、運輸和保管貨物,且保持此種狀態。

　　同時，運送人應當妥善而謹慎地接收、裝載、操作、堆存、運輸、保管、照料、卸載並交付貨物。

　　至於我國海商法對運送人最低限度義務責任，依照海商法第六十二條第一項規定，運送人或船舶所有人於發航前及發航時，對於下列事項，應為必要之注意及措置：

　　（一）使船舶有安全航行之能力。

　　（二）配置船舶相當船員、設備及供應。

　　（三）使貨艙、冷藏室及其他供載運貨物部分適合於受載、運送與保存。

　　同條第二項規定，船舶於發航後因突失航行能力所致之毀損或滅失，運送人不負賠償責任。

　　並依海商法第六十三條規定，運送人對於承運貨物之裝載、卸載、搬移、堆存、保管、運送及看守，應為必要之注意及處置。

　　建議日後海商法修正時，對於海商法第六十二條第一、二項規定修正為：

「運送人或船舶所有人於發航前、發航時及航行中，對於下列事項，應為必要之注意及措置：

　　（一）使船舶有安全航行之能力。

　　（二）配置船舶相當船員、設備及供應。

　　（三）使貨艙、冷藏室及其他供載運貨物部分適合於受載、運送與保存。

　　船舶於發航後因突失航行能力所致之毀損或滅失，運送人應負賠償責任。」

　　三、有關運送人之賠償責任限額規定，「海牙規則」對

於運送人賠償責任之限額，主要係規定貨物之滅失或毀損以每件或每單位以 100 英鎊或其他等值貨幣作為最高賠償額度。

「威士比規則」則以貨物之滅失或毀損，以每件或每單位以 10,000 金法郎，或者以每公斤（淨重）30 金法郎，兩者以較高的金額為準，作為最高賠償額度。

「漢堡規則」係以貨物之滅失或毀損以每包或其他貨運單位以 835 SDR 計算或以每公斤（總重量）2.5 SDR 數額計算，兩者以較高的金額為準，作為最高賠償額度；對於貨物之遲延交付賠償責任，限於相當於對遲延交付的貨物所應支付費用 2.5 倍的數額，但不得超過按照海上貨物運送契約所應支付的運費總額。

「鹿特丹規則」係以貨物之滅失或毀損以每件或者每個其他貨運單位以 875 SDR 計算，或者以每公斤（淨重）3 SDR 計算，以兩者中較高之金額為準，作為最高賠償之額度；至於貨物之遲延交付賠償責任，限於相當於對遲延交付的貨物所應支付費用 2.5 倍的數額，但不得超過按照海上貨物運送契約所應支付的運費總額。

我國海商法對於運送人之賠償責任限額規定，依照第七十條第二項規定，運送人或船舶所有人對於貨物之毀損滅失，其賠償責任，以每件特別提款權 666.67 單位或每公斤特別提款權 2 單位計算所得之金額，兩者較高者為限。

建議日後海商法修正時，對於海商法第七十條第二項規定修正為：「運送人或船舶所有人對於貨物之毀損滅失，其賠償責任，以每件特別提款權 875 單位或每公斤（淨重）特

別提款權 3 單位計算所得之金額，兩者較高者為限。」

　　四、有關運送人之免責事由規定，「海牙規則」與「威士比規則」對於運送人可主張之免責事由：（一）第四條第二項列舉 17 項免責事由之規定外；（二）對於任何非因託運人、託運人的代理人或其受僱人的行為之過失或疏忽所引起的滅失或損壞；（三）為救助或企圖救助海上人命或財產而發生的偏航，或任何合理偏航，所引起的貨物任何滅失或毀損；（四）故意謊報貨物性質或價值；（五）事先不知性質而裝載的具有易燃、爆炸或危險性的貨物之任何滅失或毀損。

　　「漢堡規則」對於運送人可主張之免責事由：（一）運送人能證明本人、或其受雇人、代理人為避免該事件之發生，及其後果曾採取可能合理要求的一切措施者；（二）因火災而引致的貨物的毀損、滅失或遲延交付；（三）活的動物，運送人對於此類運送固有的任何特別危險所引起的毀損、滅失或遲延交付；（四）因救助海上人命的措施或救助海上財產的合理措施而引起的毀損、滅失或遲延交付。

　　「鹿特丹規則」對於運送人可主張之免責事由：（一）第十七條第三項列舉 15 項免責事由之規定；（二）偏航；（三）合法甲板運送或者甲板運送符合運送契約或者相關行業的習慣、慣例者；（四）活動物，雖有第 79 條的規定，但在不影響第 80 條的情況下，運送契約可以排除或者限制賠償責任。

　　我國海商法對於運送人可主張之免責事由：（一）第六十九條列舉 17 項免責事由之規定；（二）海商法第七十條第

一項規定，託運人故意虛報貨物之性質或價值；（三）海商法第七十一條規定，為救助或意圖救助海上人命、財產，或因其他正當理由偏航者；（四）海商法第七十二條規定，貨物未經船長或運送人之同意而裝載；（五）海商法第七十三條但書規定，甲板運送經託運人之同意並載明於運送契約或航運種類或商業習慣所許者。

　　建議日後海商法修正運送人免責事由規定時，相關條文修正如下：

　　（一）海商法第六十九條規定修正為：

　　「因下列事由所發生之毀損或滅失，運送人或船舶所有人不負賠償責任：

　　一、船長、海員、引水人或運送人之受僱人，於航行或管理船舶之行為而有過失。

　　二、海上或航路上之危險、災難或意外事故。

　　三、火災、天災。

　　四、戰爭、敵對行動、武裝衝突、海盜、恐怖活動、暴亂和民變。

　　五、約定貨物之裝載、搬移、堆存、或卸貨由託運人、單證託運人或受貨人履行。

　　六、有權力者之拘捕、扣留、限制或依司法程序之扣押。

　　七、檢疫限制。

　　八、罷工、關廠、停工或其他勞動事故。

　　九、救助或意圖救助海上人命或財產。

　　十、包裝不固或標誌不足、不符。

　　十一、避免或者意圖避免對環境造成危害的合理措施。

　　十二、因貨物之固有瑕疵、品質或特性所致之耗損或其他毀損滅失。

　　十三、貨物所有人、託運人、單證託運人、控制人或其代理人、代表人及其他任何人之行為或不行為。

　　十四、船舶雖經注意仍不能發現之隱有瑕疵。

　　十五、為避免人身、財物或環境形成真實危險或共同海損之財產犧牲。

　　十六、其他非因運送人或船舶所有人本人之故意或過失及非因其代理人、受僱人之過失所致者。」

　　（二）增列第七十三條之一規定：

　　「運送人對於運送活的動物因其固有的任何特別危險所引起的毀損、滅失或遲到不負賠償責任。但運送人能證明他已遵守託運人所給與的任何特別指示，而且按照實際情況，毀損、滅失或遲到可以歸責於此種危險時，除經證明毀損、滅失或遲到之全部或一部是由於運送人、或其受僱人、代理人的故意或過失所造成外，應即推定毀損、滅失或遲到是由於此種危險所引致。」

柒、結　論

一、運送人責任期間的變化

　　「鹿特丹規則」規定承運人責任期間適用於運送人在船邊交接貨物、港口交接貨物、港外交接貨物或者「門至門」運輸。與「海牙規則」、「威士比規則」、「漢堡規則」和我國「海商法」規定之責任期間相比，擴大了運送人的責任期間。因此，一方面將有利於航運業務尤其是國際貨物多式聯運業務的開展，但同時在一定程度上將增加運送人的責任。

二、運送人最低限度責任與免責的變化

　　運送人最低限度責任規定，在海上貨物運送契約法律中始終處於重要地位，是船貨雙方最為關注的條款。與現存法律制度比較，主要有以下變化：

　　1.採用運送人完全過失責任，此高於「海牙規則」、「威士比規則」和我國「海商法」的不完全過失責任，而與「漢

堡規則」承運人責任原則相同。

2.廢除運送人「航海過失」免責、「火災過失」免責之規定。

3.運送人謹慎處理使船舶適航性的維持義務擴展至整個航程期間。

三、運送人賠償責任限制提高

「鹿特丹規則」規定承運人對貨物的滅失或毀損的賠償限額為每件或者每一其他貨運單位 875 個特別提款權,比我國「海商法」、「威士比規則」之 666.67 特別提款權提高 31%,比「漢堡規則」之 835 特別提款權提高 5%;另外,貨物淨重每公斤賠償 3 個特別提款權,比「威士比規則」規定的 2 個特別提款權提高了 50%,比「漢堡規則」、我國「海商法」2.5 個特別提款權提高了 20%。

展望未來,進入 21 世紀的國際貿易和航運,與 20 世紀初「海牙規則」所產生的時代相比較,不論是船貨各方的力量對比,還是國際貨物的運送方式,都要求產生新的國際公約,以適應這種新的形勢。

它最引人注目的地方就是提高了海事企業的賠償責任限額,並擴大了適用範圍,使港口營運商歷史性首次需要遵守國際海運強制性公約。該公約一旦生效,將會對船東、港口營運商等相關各方帶來重大影響。

　　將來無論「鹿特丹規則」生效與否，對於國際航運立法的影響將是深遠的。它不僅直接影響海上貨物運送法律，也將影響船舶和貨物保險、共同海損制度以及銀行業和港口經營人。

　　可以預見的是，「鹿特丹規則」與我國「海商法」及現在國際上普遍採用的「海牙規則」、「威士比規則」相比較，對運送人責任制度的規定有很大的變化，擴大了承運人責任期間，改變了承運人的最低限度責任規定，部分取消了傳統的運送人免責事項，提高了運送人責任限額。如果規則生效，將加重運送人的責任，可以預見其對航運業及保險業將會帶來重大影響，尤其是對一些經營船齡較大、管理水準不高的中小航運企業帶來的衝擊。

　　雖然國際社會對「鹿特丹規則」前景，即是否能夠生效？主要航運和貿易國家是否能夠批准加入？是否能夠在國際上發揮重要作用？存在著不同看法，但毋庸置疑的是，「鹿特丹規則」必將引發國際海上貨物運送的一場立法革命。該公約一旦生效，將會對船東、港口營運商、貨主等各個國際海上貨物運送相關行業帶來重大影響；也將會對船舶及貨物保險、共同海損制度等帶來影響。然而，該公約即使未能生效，因其代表最新的國際立法趨勢，其有關規定也將透過內國法話化之途徑，對國際海上貨物運送產生一定的影響。因此，我國亟需及早修法以為因應。

註　釋：

註一　援用自「MBA 智庫百科」；網址：
http://wiki.mbalib.com/zh-tw/%E6%B5%B7%E7%89%
99%E8%A7%84%E5%88%99

註二　同上註。網址：
http://wiki.mbalib.com/zh-tw/%E7%BB%B4%E6%96%
AF%E6%AF%94%E8%A7%84%E5%88%99

註三：援用自「維基百科」；網址：
http://zh.wikipedia.org/zh/%E6%B5%B7%E7%89%99%
E5%A8%81%E5%A3%AB%E6%AF%94%E8%A6%8F
%E5%89%87#.E9.81.8B.E9.80.81.E4.BA.BA.E8.B2.A
C.E4.BB.BB

註四：原文為:Article 30 Entry into force
1.This Convention enters into force on the first day of
the month following the expiration of one year from the
date of deposit of the twentieth instrument of ratification,
acceptance, approval or accession.

註五：同註一。網址：
http://wiki.mbalib.com/zh-tw/%E6%B1%89%E5%A0%
A1%E8%A7%84%E5%88%99

註六：W. E. Astle,The Hamburg Rules,Fairplay Publications
Ltd.,London,1981,pp. xi-xii.

註七：參見 Comite Maritime International,Draft Convention on
Contracts for the　International Carriage of Goods

Wholly or Partly by Sea

註八：參見 The resolution of 37th International Conference of Comite Maritime International on the issues of transport law:「Requests the International Sub Committee to － undertake furter work on the basis of the darft of the instrument (CMI Yearbook 2000 － Singapore I,p.122) and the conclusions of the Conference,and particularly to － complete the Outline Instrument to include provisions able to facilitate the needs of electronic commerce,and to cover the possibility that it should apply also to other froms of carriage associated with the carriage by sea ("door to door transport")」,…

註九：參見 Report of the United Nations Commission on International Trade Law,Forty-first session(16 June-3 July 2008),General Assembly Official Records,Sixty-third session Supplement No. 17,pp. 56-57.

註十：同註七。

註十一：參見「the United Nations 2008 International Merchandise Trade Statistics Yearbook.」

註十二：Article 1

In this Convention the following words are employed with the meanings set out below:

(a)…………

(e) "Carriage of goods" covers the period from the time

when the goods are loaded on to the time they are discharged from the ship.

註十三：Article 7

Nothing herein contained shall prevent a carrier or a shipper from entering into any agreement, stipulation, condition, reservation or exemption as to the responsibility and liability of the carrier or the ship for the loss or damage to, or in connexion with, the custody and care and handling of goods prior to the loading on, and subsequent to, the discharge from the ship on which the goods are carried by sea.

註十四：Article 2

Subject to the provisions of Article 6, under every contract of carriage of goods by sea the carrier, in relation to the loading, handling, stowage, carriage, custody, care and discharge of such goods, shall be subject to the responsibilities and liabilities, and entitled to the rights and immunities hereinafter set forth.

註十五：海牙規則第六條規定：「雖有前述各條規定，只要不違反公共秩序，承運人、船長或承運人的代理人得與托運人就承運人對任何特定貨物應負的責任和應盡的義務，及其所享受的權利與豁免，或船舶適航的責任等，以任何條件，自由地訂立任何協議。或就承運人雇傭人員或代理人在海運貨物的裝載、搬運、配載、運送、保管、照料和卸載方面應注意及謹慎的事

項，自由訂立任何協議。但在這種情況下，必須是未曾簽發或將不簽發提單，而且應將上述協議的條款載入不得轉讓並注明這種字樣的收據內。

這樣訂立的任何協議，都具有完全的法律效力。

但本條規定不適用於依照普通貿易程式成交的一般商業貨運，而僅在擬裝運的財物的性質和狀況，或據以進行運輸的環境、條款和條件，有訂立特別協定的合理需要時，才能適用。」

Article 6

Notwithstanding the provisions of the preceding Articles, a carrier, master or agent of the carrier and a shipper shall in regard to any particular goods be at liberty to enter into any agreement in any terms as to the responsibility and liability of the carrier for such goods, and as to the rights and immunities of the carrier in respect of such goods, or his obligation as to seaworthiness, so far as this stipulation is not contrary to public policy, or the care or diligence of his servants or agents in regard to the loading, handling, stowage, carriage, custody, care and discharge of the goods carried by sea, provided that in this case no bill of lading has been or shall be issued and that the terms agreed shall be embodied in a receipt which shall be a non-negotiable document and shall be marked as such.

Any agreement so entered into shall have full legal effect.

Provided that this Article shall not apply to ordinary commercial shipments made in the ordinary course of trade, but only to other shipments where the character or condition of the property to be carried or the circumstances, terms and conditions under which the carriage is to be performed are such as reasonably to justify a special agreement.

註十六：

The carrier shall be bound before and at the beginning of the voyage to exercise due diligence to:

(a) Make the ship seaworthy.

(b) Properly man, equip and supply the ship.

(c) Make the holds, refrigerating and cool chambers, and all other parts of the ship in which goods are carried, fit and safe for their reception, carriage and preservation.

註十七：

Subject to the provisions of Article 4, the carrier shall properly and carefully load, handle, stow, carry, keep, care for, and discharge the goods carried.

註十八：

Neither the carrier nor the ship shall in any event be or become liable for any loss or damage to or in connexion with goods in an amount exceeding 100 pounds sterling per package or unit, or the equivalent of that sum in other currency unless the nature and value of such goods have been declared by the shipper before shipment and inserted in the bill of lading.

This declaration if embodied in the bill of lading shall be prima facie evidence, but shall not be binding or conclusive on the carrier.

By agreement between the carrier, master or agent of the carrier and the shipper another maximum amount than that mentioned in this paragraph may be fixed, provided that such maximum shall not be less than the figure above named.

Neither the carrier nor the ship shall be responsible in any event for loss or damage to, or in connexion with, goods if the nature or value thereof has been knowingly misstated by the shipper in the bill of lading.

註十九：

Neither the carrier nor the ship shall be liable for loss or damage arising or resulting from unseaworthiness unless caused by want of due diligence on the part of the carrier to make the ship seaworthy and to secure that the ship is properly manned, equipped and supplied, and to make the holds, refrigerating and cool chambers and all other parts of the ship in which goods are carried fit and safe for their reception, carriage and preservation in accordance with the provisions of paragraph 1 of Article 3. Whenever loss or damage has resulted from unseaworthiness the burden of proving the exercise of due diligence shall be on the carrier or other person claiming exemption under this Article.

註二十：

Neither the carrier nor the ship shall be responsible for loss or damage arising or resulting from:

(a) Act, neglect, or default of the master, mariner, pilot, or the servants of the carrier in the navigation or in the management of the ship.

(b) Fire, unless caused by the actual fault or privity of the carrier.

(c) Perils, dangers and accidents of the sea or other navigable waters.

(d) Act of God.

(e) Act of war.

(f) Act of public enemies.

(g) Arrest or restraint or princes, rulers or people, or seizure under legal process.

(h) Quarantine restrictions.

(i) Act or omission of the shipper or owner of the goods, his agent or representative.

(j) Strikes or lockouts or stoppage or restraint of labour from whatever cause, whether partial or general.

(k) Riots and civil commotions.

(l) Saving or attempting to save life or property at sea.

(m) Wastage in bulk or weight or any other loss or damage arising from inherent defect, quality or vice of the goods.

(n) Insufficiency of packing.

(o) Insufficiency or inadequacy of marks.

(p) Latent defects not discoverable by due diligence.

(q) Any other cause arising without the actual fault or

privity of the carrier, or without the actual fault or neglect of the agents or servants of the carrier, but the burden of proof shall be on the person claiming the benefit of this exception to show that neither the actual fault or privity of the carrier nor the fault or neglect of the agents or servants of the carrier contributed to the loss or damage.

註二十一：

3. The shipper shall not be responsible for loss or damage sustained by the carrier or the ship arising or resulting from any cause without the act, fault or neglect of the shipper, his agents or his servants.

註二十二：

4. Any deviation in saving or attempting to save life or property at sea or any reasonable deviation shall not be deemed to be an infringement or breach of this Convention or of the contract of carriage, and the carrier shall not be liable for any loss or damage resulting therefrom.

註二十三：

5. Neither the carrier nor the ship shall in any event be or become liable for any loss or damage to or in connexion with goods in an amount exceeding 100 pounds sterling per package or unit, or the equivalent of that sum in other currency unless the nature and value of such goods have been declared by the shipper before shipment and inserted in the bill of lading.

註二十四：

This declaration if embodied in the bill of lading shall be prima facie evidence, but shall not be binding or conclusive on the carrier.

註二十五：

By agreement between the carrier, master or agent of the carrier and the shipper another maximum amount than that mentioned in this paragraph may be fixed, provided that such maximum shall not be less than the figure above named.

註二十六：

6. Goods of an inflammable, explosive or dangerous nature to the shipment whereof the carrier, master or agent of the carrier has not consented with knowledge of their nature and character, may at any time before discharge be landed at any place, or destroyed or rendered innocuous by the carrier without compensation and the shipper of such goods shall be liable for all damage and expenses directly or indirectly arising out of or resulting from such shipment. If any such goods shipped with such knowledge and consent shall become a danger to the ship or cargo, they may in like manner be landed at any place, or destroyed or rendered innocuous by the carrier without liability on the part of the carrier except to general average, if any.

註二十七：

Article 4. Period of responsibility

1. The responsibility of the carrier for the goods under this Convention covers the period during which the carrier is in

charge of the goods at the port of loading, during the carriage and at the port of discharge.

2. For the purpose of paragraph 1 of this article, the carrier is deemed to be in charge of the goods

(a) from the time he has taken over the goods from:

(i) the shipper, or a person acting on his behalf; or

(ii) an authority or other third party to whom, pursuant to law or regulations applicable at the port of loading, the goods must be handed over for shipment;

(b) until the time he has delivered the goods:

(i) by handing over the goods to the consignee; or

(ii) in cases where the consignee does not receive the goods from the carrier, by placing them at the disposal of the consignee in accordance with the contract or with the law or with the usage of the particular trade, applicable at the port of discharge; or

(iii) by handing over the goods to an authority or other third party to whom, pursuant to law or regulations applicable at the port of discharge, the goods must be handed over.

註二十八：

Article 5. Basis of liability

1. The carrier is liable for loss resulting from loss of or damage to the goods, as well as from delay in delivery, if the occurrence which caused the loss, damage or delay took place while the goods were in his charge as defined in article 4,

unless the carrier proves that he, his servants or agents took all measures that could reasonably be required to avoid the occurrence and its consequences.

2. Delay in delivery occurs when the goods have not been delivered at the port of discharge provided for in the contract of carriage by sea within the time expressly agreed upon or, in the absence of such agreement, within the time which it would be reasonable to require of a diligent carrier, having regard to the circumstances of the case.

3. The person entitled to make a claim for the loss of goods may treat the goods as lost if they have not been delivered as required by article 4 within 60 consecutive days following the expiry of the time for delivery according to paragraph 2 of this article.

4. (a) The carrier is liable

(i) for loss of or damage to the goods or delay in delivery caused by fire, if the claimant proves that the fire arose from fault or neglect on the part of the carrier, his servants or agents;

(ii) for such loss, damage or delay in delivery which is proved by the claimant to have resulted from the fault or neglect of the carrier, his servants or agents in taking all measures that could reasonably be required to put out the fire and avoid or mitigate its consequences.

(b) In case of fire on board the ship affecting the goods, if the claimant or the carrier so desires, a survey in accordance with shipping practices must be held into the cause and circumstances of the fire, and a copy of the surveyors report shall be made available on demand to the carrier and the claimant.

5. With respect to live animals, the carrier is not liable for loss, damage or delay in delivery resulting from any special risks inherent in that kind of carriage. If the carrier proves that he has complied with any special instructions given to him by the shipper respecting the animals and that, in the circumstances of the case, the loss, damage or delay in delivery could be attributed to such risks, it is presumed that the loss, damage or delay in delivery was so caused, unless there is proof that all or a part of the loss, damage or delay in delivery resulted from fault or neglect on the part of the carrier, his servants or agents.

6. The carrier is not liable, except in general average, where loss, damage or delay in delivery resulted from measures to save life or from reasonable measures to save property at sea.

7. Where fault or neglect on the part of the carrier, his servants or agents combines with another cause to produce loss, damage or delay in delivery, the carrier is liable only to the extent that the loss, damage or delay in delivery is attributable to such fault or neglect, provided that the carrier proves the amount of the loss, damage or delay in delivery not attributable thereto.

註二十九：

Article 6. Limits of liability

1. (a) The liability of the carrier for loss resulting from loss of or damage to goods according to the provisions of article 5 is limited to an amount equivalent to 835 units of account per package or other shipping unit or 2.5 units of account per kilogram of gross weight of the goods lost or damaged, whichever is the higher.

(b) The liability of the carrier for delay in delivery according to the provisions of article 5 is limited to an amount equivalent to two and a half times the freight payable for the goods delayed, but not exceeding the total freight payable under the contract of carriage of goods by sea.

(c) In no case shall the aggregate liability of the carrier, under both subparagraphs (a) and (b) of this paragraph, exceed the limitation which would be established under subparagraph (a) of this paragraph for total loss of the goods with respect to which such liability was incurred.

2. For the purpose of calculating which amount is the higher in accordance with paragraph 1 (a) of this article, the following rules apply:

(a) Where a container, pallet or similar article of transport is used to consolidate goods, the package or other shipping units enumerated in the bill of lading, if issued, or otherwise in any other document evidencing the contract of carriage by sea, as packed in such article of transport are deemed packages or shipping units. Except as aforesaid the goods in such article of transport are deemed one shipping unit.

(b) In cases where the article of transport itself has been lost or damaged, that article of transport, if not owned or otherwise supplied by the carrier, is considered one separate shipping unit.

3. Unit of account means the unit of account mentioned in article 26.

4. By agreement between the carrier and the shipper, limits of liability exceeding those provided for in paragraph 1 may be fixed.

註三十：第二十六條（記帳單位）

本公約第六條所述的記帳單位是國際貨幣基金組織所規定的特別提款權。第六條所述的數額應按一國國家貨幣在宣告判決日或在當事各方議定的日期時的價值換算為該國國家貨幣。

凡為國際貨幣基金組織成員的締約國，其國家貨幣按特別提款權計算的價值，應按照國際貨幣基金組織在上述日期時對其業務和交易所採用的定價方法計算。

非國際貨幣基金組織成員的締約國，其國家貨幣按特別提款權計算的價值，應按照該國決定的方法計算。但是非國際貨幣基金組織成員而且其本國法律亦不容許適用前項規定的國家，可在簽字時，或在批准、接受、贊同或加入時或在其後任何時候，聲明本公約所規定的、適用於其本國領土的

責任限度，應訂定如下：每包貨物或其他貨運單位為 12500
個貨幣單位或貨物總重量每公斤為 37.5 個貨幣單位。

前項所述的貨幣單位等於 65.5 毫克含千分之 900 純金的
黃金。所述數額應按照有關國家的法律換算為國家貨幣。

進行第一項所述計算及前項所述換算時，所用方法須能
在最大程度上以締約國國家貨幣表示第六條內數額以記帳單
位表示的相同實際價值。締約國在簽字時或交存其批准書、
接受書、贊同書或加入書時，第二項所規定的選擇時，以及
在計算方法或換算結果有改變時，必須按情況把依照第一項
決定的計算方法或第三項所述換算結果，通知保管人。

Article 26. Unit of account

1. The unit of account referred to in article 6 of this
Convention is the special drawing right as defined by the
International Monetary Fund. The amounts mentioned in article
6 are to be converted into the national currency of a State
according to the value of such currency at the date of judgement
or the date agreed upon by the parties. The value of a national
currency, in terms of the special drawing right, of a Contracting
State which is a member of the International Monetary Fund is
to be calculated in accordance with the method of valuation
applied by the International Monetary Fund in effect at the date
in question for its operations and transactions. The value of a
national currency, in terms of the special drawing right, of a
Contracting State which is not a member of the International
Monetary Fund is to be calculated in a manner determined by

that State.

2. Nevertheless, those States which are not members of the International Monetary Fund and whose law does not permit the application of the provisions of paragraph 1 of this article may, at the time of signature, or at the time of ratification, acceptance, approval or accession or at any time thereafter, declare that the limits of liability provided for in this Convention to be applied in their territories shall be fixed as 12,500 monetary units per package or other shipping unit or 37.5 monetary units per kilogram of gross weight of the goods.

3. The monetary unit referred to in paragraph 2 of this article corresponds to sixty-five and a half milligrams of gold of millesimal fineness nine hundred. The conversion of the amounts referred to in paragraph 2 into the national currency is to be made according to the law of the State concerned.

4. The calculation mentioned in the last sentence of paragraph 1 and the conversion mentioned in paragraph 3 of this article is to be made in such a manner as to express in the national currency of the Contracting State as far as possible the same real value for the amounts in article 6 as is expressed there in units of account. Contracting States must communicate to the depositary the manner of calculation pursuant to paragraph 1 of this article, or the result of the conversion mentioned in paragraph 3 of this article, as the case may be, at the time of signature or when depositing their instruments of ratification,

acceptance, approval or accession, or when availing themselves of the option provided for in paragraph 2 of this article and whenever there is a change in the manner of such calculation or in the result of such conversion.

註三十一：

Article 12 Period of responsibility of the carrier

1. The period of responsibility of the carrier for the goods under this Convention begins when the carrier or a performing party receives the goods for carriage and ends when the goods are delivered.

2. (a) If the law or regulations of the place of receipt require the goods to be handed over to an authority or other third party from which the carrier may collect them, the period of responsibility of the carrier begins when the carrier collects the goods from the authority or other third party.

(b) If the law or regulations of the place of delivery require the carrier to hand over the goods to an authority or other third party from which the consignee may collect them, the period of responsibility of the carrier ends when the carrier hands the goods over to the authority or other third party.

3. For the purpose of determining the carrier's period of responsibility, the parties may agree on the time and location of receipt and delivery of the goods, but a provision in a contract of carriage is void to the extent that it provides that:

(a) The time of receipt of the goods is subsequent to the

beginning of their initial loading under the contract of carriage; or

(b) The time of delivery of the goods is prior to the completion of their final unloading under the contract of carriage.

註三十二：Article 13 Specific obligations

1. The carrier shall during the period of its responsibility as defined in article 12, and subject to article 26, properly and carefully receive, load, handle, stow, carry, keep, care for, unload and deliver the goods.

2. Notwithstanding paragraph 1 of this article, and without prejudice to the other provisions in chapter 4 and to chapters 5 to 7, the carrier and the shipper may agree that the loading, handling, stowing or unloading of the goods is to be performed by the shipper, the documentary shipper or the consignee. Such an agreement shall be referred to in the contract particulars.

註三十三：第二十六條規定：海上運輸之前或者之後的運輸

如果貨物滅失、損壞或者造成遲延交付的事件或者情形發生在承運人的責任期間內，但發生的時間僅在貨物裝上船舶之前或者僅在貨物卸離船舶之後，本公約的規定不得優先于其他國際文書的下述條文，在此種滅失、損壞或者造成遲延交付的事件或者情形發生時：

(a) 根據該國際文書的規定，如果托運人已就發生貨物滅失、損壞或者造成貨物遲延交付的事件或者情形的特定運輸階段與承運人訂有單獨和直接的合同，本應適用于承運人

全部活動或者任何活動的條文;

(b) 就承運人的賠償責任、賠償責任限制或者時效作了具體規定的條文;和

(c) 根據該文書,完全不能通過訂立合同加以背離的條文,或者不能在損害托運人利益的情況下通過訂立合同加以背離的條文。

Article 26 Carriage preceding or subsequent to sea carriage

When loss of or damage to goods, or an event or circumstance causing a delay in their delivery, occurs during the carrier's period of responsibility but solely before their loading onto the ship or solely after their discharge from the ship, the provisions of this Convention do not prevail over those provisions of another international instrument that, at the time of such loss, damage or event or circumstance causing delay:

(a) Pursuant to the provisions of such international instrument would have applied to all or any of the carrier's activities if the shipper had made a separate and direct contract with the carrier in respect of the particular stage of carriage where the loss of, or damage to goods, or an event or circumstance causing delay in their delivery occurred;

(b) Specifically provide for the carrier's liability, limitation of liability, or time for suit; and

(c) Cannot be departed from by contract either at all or to the detriment of the shipper under that instrument.

註三十四:Chapter 4 Obligations of the carrier。

註三十五：

Chapter 5 Liability of the carrier for loss, damage or delay、Chapter 6 Additional provisions relating to particular stages of carriage、Chapter 7 Obligations of the shipper to the carrier。

註三十六：

Article 14 Specific obligations applicable to the voyage by sea

The carrier is bound before, at the beginning of, and during the voyage by sea to exercise due diligence to:

(a) Make and keep the ship seaworthy;

(b) Properly crew, equip and supply the ship and keep the ship so crewed, equipped and supplied throughout the voyage; and

(c) Make and keep the holds and all other parts of the ship in which the goods are carried, and any containers supplied by the carrier in or upon which the goods are carried, fit and safe for their reception, carriage and preservation.

註三十七：*Article 17 Basis of liability*

1. The carrier is liable for loss of or damage to the goods, as well as for delay in delivery, if the claimant proves that the loss, damage, or delay, or the event or circumstance that caused or contributed to it took place during the period of the carrier's responsibility as defined in chapter 4.

註三十八：

5. The carrier is also liable, notwithstanding paragraph 3 of this article, for all or part of the loss, damage, or delay if:

(a) The claimant proves that the loss, damage, or delay was or was probably caused by or contributed to by (i) the unseaworthiness of the ship; (ii) the improper crewing, equipping, and supplying of the ship; or (iii) the fact that the holds or other parts of the ship in which the goods are carried, or any containers supplied by the carrier in or upon which the goods are carried, were not fit and safe for reception, carriage, and preservation of the goods; and

(b) The carrier is unable to prove either that: (i) none of the events or circumstances referred to in subparagraph 5 (a) of this article caused the loss, damage, or delay; or (ii) it complied with its obligation to exercise due diligence pursuant to article 14.

註三十九：Article 18 Liability of the carrier for other persons

The carrier is liable for the breach of its obligations under this Convention caused by the acts or omissions of:

(a) Any performing party;

(b) The master or crew of the ship;

(c) Employees of the carrier or a performing party; or

(d) Any other person that performs or undertakes to perform any of the carrier's obligations under the contract of carriage, to the extent that the person acts, either directly or indirectly, at the carrier's request or under the carrier's supervision or control.

註四十：Article 1 Definitions

For the purposes of this Convention:

6.(a) "Performing party" means a person other than the carrier that performs or undertakes to perform any of the carrier's obligations under a contract of carriage with respect to the receipt, loading, handling, stowage, carriage, care, unloading or delivery of the goods, to the extent that such person acts, either directly or indirectly, at the carrier's request or under the carrier's supervision or control.

(b) "Performing party" does not include any person that is retained, directly or indirectly, by a shipper, by a documentary shipper, by the controlling party or by the consignee instead of by the carrier.

註四十一：Article 19 Liability of maritime performing parties

1. A maritime performing party is subject to the obligations and liabilities imposed on the carrier under this Convention and is entitled to the carrier's defences and limits of liability as provided for in this Convention if:

(a) The maritime performing party received the goods for carriage in a Contracting State, or delivered them in a Contracting State, or performed its activities with respect to the goods in a port in a Contracting State; and (b) The occurrence that caused the loss, damage or delay took place: (i) during the period between the arrival of the goods at the port of loading of the ship and their departure from the port of discharge from the ship; (ii) while the maritime performing party had custody of the goods; or (iii) at any other time to the extent that it was participating in the performance of any of the activities contemplated by the contract of carriage.

2. If the carrier agrees to assume obligations other than those imposed on the carrier under this Convention, or agrees that the limits of its liability are higher than the limits specified under this Convention, a maritime performing party is not bound by this agreement unless it expressly agrees to accept such obligations or such higher limits.

3. A maritime performing party is liable for the breach of its obligations under this Convention caused by the acts or omissions of any person to which it has entrusted the performance of any of the carrier's obligations under the contract of carriage under the conditions set out in paragraph 1 of this article.

4. Nothing in this Convention imposes liability on the master or crew of the ship or on an employee of the carrier or of a maritime performing party.

註四十二：Article 1 Definitions

For the purposes of this Convention:

7. "Maritime performing party" means a performing party to the extent that it performs or undertakes to perform any of the carrier's obligations during the period between the arrival of

the goods at the port of loading of a ship and their departure from the port of discharge of a ship. An inland carrier is a maritime performing party only if it performs or undertakes to perform its services exclusively within a port area.

註四十三：Article 20 Joint and several liability

1. If the carrier and one or more maritime performing parties are liable for the loss of, damage to, or delay in delivery of the goods, their liability is joint and several but only up to the limits provided for under this Convention.

2. Without prejudice to article 61, the aggregate liability of all such persons shall not exceed the overall limits of liability under this Convention.

註四十四：第六十一條規定：賠償責任限制權的喪失

1. 如果索賠人證明，違反本公約規定的承運人義務所造成的損失，是由於聲稱有權限制賠償責任的人本人故意造成此種損失的作為或者不作為所導致的，或者是明知可能產生此種損失而輕率地作為或者不作為所導致的，則承運人或者第 18 條述及的任何人，無權根據第 59 條的規定或者按照運輸合同的約定享有限制賠償責任的利益。

2. 如果索賠人證明，遲延交付是由於聲稱有權限制賠償責任的人本人故意造成遲延損失的作為或者不作為所導致的，或者是明知可能產生此種損失而輕率地作為或者不作為所導致的，則承運人或者第 18 條述及的任何人，無權根據第 60 條的規定享有限制賠償責任的利益。

Article 61 Loss of the benefit of limitation of liability

1. Neither the carrier nor any of the persons referred to in article 18 is entitled to the benefit of the limitation of liability as provided in article 59, or as provided in the contract of carriage, if the claimant proves that the loss resulting from the breach of the carrier's obligation under this Convention was attributable to a personal act or omission of the person claiming a right to limit done with the intent to cause such loss or recklessly and with knowledge that such loss would probably result.

2. Neither the carrier nor any of the persons mentioned in article 18 is entitled to the benefit of the limitation of liability as provided in article 60 if the claimant proves that the delay in delivery resulted from a personal act or omission of the person claiming a right to limit done with the intent to cause the loss due to delay or recklessly and with knowledge that such loss would probably result.

註四十五：Article 25 Deck cargo on ships

1. Goods may be carried on the deck of a ship only if:

(a) Such carriage is required by law;

(b) They are carried in or on containers or vehicles that are fit for deck carriage, and the decks are specially fitted to carry such containers or vehicles; or

(c) The carriage on deck is in accordance with the contract of carriage, or the customs, usages or practices of the trade in question.

....

3. If the goods have been carried on deck in cases other than those permitted pursuant to paragraph 1 of this article, the carrier is liable for loss of or damage to the goods or delay in their delivery that is exclusively caused by their carriage on deck, and is not entitled to the defences provided for in article 17.

註四十六：Article 22 Calculation of compensation

1. Subject to article 59, the compensation payable by the carrier for loss of or damage to the goods is calculated by reference to the value of such goods at the place and time of delivery established in accordance with article 43.

2. The value of the goods is fixed according to the commodity exchange price or, if there is no such price, according to their market price or, if there is no commodity exchange price or market price, by reference to the normal value of the goods of the same kind and quality at the place of delivery.

3. In case of loss of or damage to the goods, the carrier is not liable for payment of any compensation beyond what is provided for in paragraphs 1 and 2 of this article except when the carrier and the shipper have agreed to calculate compensation in a different manner within the limits of chapter 16.

註四十七：第四十三條規定：接受交貨的義務

當貨物到達目的地時，要求交付貨物的收貨人應當在運
輸合同約定的時間或者期限內，在運輸合同約定的地點接受
交貨，無此種約定的，應當在考慮到合同條款和行業習慣、
慣例或者做法以及運輸情形，能夠合理預期的交貨時間和地
點接受交貨。

Article 43 Obligation to accept delivery

When the goods have arrived at their destination, the
consignee that demands delivery of the goods under the contract
of carriage shall accept delivery of the goods at the time or
within the time period and at the location agreed in the contract
of carriage or, failing such agreement, at the time and location
at which, having regard to the terms of the contract, the customs,
usages or practices of the trade and the circumstances of the
carriage, delivery could reasonably be expected.

註四十八：Chapter 16 Validity of contractual terms。

註四十九：Article 59 Limits of liability

1. Subject to articles 60 and 61, paragraph 1, the carrier's
liability for breaches of its obligations under this Convention is
limited to 875 units of account per package or other shipping
unit, or 3 units of account per kilogram of the gross weight of
thegoods that are the subject of the claim or dispute, whichever
amount is the higher, except when the value of the goods has
been declared by the shipper and included in the contract
particulars, or when a higher amount than the amount of
limitation of liability set out in this article has been agreed upon

between the carrier and the shipper.

2. When goods are carried in or on a container, pallet or similar article of transport used to consolidate goods, or in or on a vehicle, the packages or shipping units enumerated in the contract particulars as packed in or on such article of transport or vehicle are deemed packages or shipping units. If not so enumerated, the goods in or on such article of transport or vehicle are deemed one shipping unit.

3. The unit of account referred to in this article is the Special Drawing Right as defined by the International Monetary Fund. The amounts referred to in this article are to be converted into the national currency of a State according to the value of such currency at the date of judgement or award or the date agreed upon by the parties. The value of a national currency, in terms of the Special Drawing Right, of a Contracting State that is a member of the International Monetary Fund is to be calculated in accordance with the method of valuation applied by the International Monetary Fund in effect at the date in question for its operations and transactions. The value of a national currency, in terms of the Special Drawing Right, of a Contracting State that is not a member of the International Monetary Fund is to be calculated in a manner to be determined by that State.

註五十：第六十條規定：遲延造成損失的賠償責任限額

除第 61 條第 2 款另有規定外，對遲延造成貨物滅失或

者損壞的賠償額，應當按照第 22 條計算，對遲延造成經濟損失的賠償責任限額，是相當於遲交貨物應付運費兩倍半的數額。根據本條以及第 59 條第 1 款確定的賠付總額，不得超過所涉貨物全損時根據第 59 條第 1 款確定的限額。

Article 60 Limits of liability for loss caused by delay

Subject to article 61, paragraph 2, compensation for loss of or damage to the goods due to delay shall be calculated in accordance with article 22 and liability for economic loss due to delay is limited to an amount equivalent to two and one-half times the freight payable on the goods delayed. The total amount payable pursuant to this article and article 59, paragraph 1, may not exceed the limit that would be established pursuant to article 59, paragraph 1, in respect of the total loss of the goods concerned.

註五十一：第六十一條第一項規定：

如果索賠人證明，違反本公約規定的承運人義務所造成的損失，是由於聲稱有權限制賠償責任的人本人故意造成此種損失的作為或者不作為所導致的，或者是明知可能產生此種損失而輕率地作為或者不作為所導致的，則承運人或者第 18 條述及的任何人，無權根據第 59 條的規定或者按照運輸合同的約定享有限制賠償責任的利益。

Article 61 Loss of the benefit of limitation of liability

1. Neither the carrier nor any of the persons referred to in article 18 is entitled to the benefit of the limitation of liability as provided in article 59, or as provided in the contract of

carriage, if the claimant proves that the loss resulting from the breach of the carrier's obligation under this Convention was attributable to a personal act or omission of the person claiming a right to limit done with the intent to cause such loss or recklessly and with knowledge that such loss would probably result.

註五十二：同註三。

　　1944 年聯合國贊助的財金會議於美國新罕布夏州的布雷頓森林舉行。7 月 22 日，各國在會議上簽訂了成立國際貨幣基金的協議。國際貨幣基金的主要設計者是費邊社成員約翰·梅納德·凱恩斯（John Maynard Keynes），以及美國副財政部長亨利·迪克特·懷特（Harry Dexter White）。 協議的條款於 1945 年 12 月 27 日付諸實行，1946 年 5 月國際貨幣基金組織（International Monetary Fund：IMF）正式成立，是為二戰完結後之重建計劃的一部份，1947 年 3 月 1 日正式運作。有時國際貨幣基金、國際清算銀行（BIS）及世界銀行，被稱為「布雷頓森林機構」。職責是監察貨幣匯率和各國貿易情況、提供技術和資金協助，確保全球金融制度運作正常；其總部設在華盛頓。

　　國際貨幣基金是一「擁有 186 個會員國，致力於促進全球金融合作、加強金融穩定、推動國際貿易、增進高就業率、經濟穩定成長以及降低貧窮的組織」，目前只有聯合國成員國（除北韓、列支敦斯登、古巴、安道爾、摩納哥、吐瓦魯，委內瑞拉和諾魯之外）有權成為國際貨幣基金組織會員，但部份領土爭議的地區（巴勒斯坦自治政府等地）不包含在內。

　　國際貨幣基金的最高權力機構是理事會，每位成員地區有正、副理事代表，通常是本國的財政部長或中央銀行行長。理事會於每年9月舉行一次會議，各成員的投票權按其繳納基金多少來決定。

　　執行董事會由理事會委託，行使理事會的權力，處理日常事務。該會由24名執行董事組成，每兩年選舉一次，設有1名總裁和3名副總裁，總監任期5年，由執行董事會推選，可以連任。執行董事由美國、英國、法國、德國、日本任命，其餘由其他成員組成的選區選舉產生。　國際貨幣基金的臨時委員會，被看作是國際貨幣基金組織的決策和指導機構。該會主要的工作是協調政策合作，特別是制訂中期戰略。該會由24名執行董事組成。國際貨幣基金組織每年與世界銀行共同舉行年會。

　　網址：ttp://zh.wikipedia.org/zh-tw/%E5%9C%8B%E9%9A%9B%E8%B2%A8%E5%B9%A3%E5%9F%BA%E9%87%91E7%B5%84%E7%B9%94

　　註五十三：

　　特別提款權(Special Drawing Right：SDR)是國際貨幣基金組織創設的一種儲備資產和記帳單位，亦稱"紙黃金(Paper Gold)"。它是基金組織分配給會員國的一種使用資金的權利。會員國在發生國際收支逆差時，可用它向基金組織指定的其他會員國換取外匯，以償付國際收支逆差或償還基金組織的貸款，還可與黃金、自由兌換貨幣一樣充當國際儲備。但由於其只是一種記帳單位，不是真正貨幣，使用時必須先換成其他貨幣，不能直接用於貿易或非貿易的支付。因

為它是國際貨幣基金組織原有的普通提款權以外的一種補充，所以稱為特別提款權(SDR)。

按國際貨幣基金組織協定的規定，基金組織的會員國都可以自願參加特別提款權的分配，成為特別提款帳戶參加國。會員國也可不參加，參加後如要退出，只需事先以書面通知，就可隨時退出。

基金組織規定，每5年為一個分配特別提款權的基本期。第24屆基金年會決定了第一次分配期，即自1970年至1972年，發行95億特別提款單位，按會員國所攤付的基金份額的比例進行分配，份額越大，分配得越多。這次工業國共分得69.97億，佔總額的74.05%。其中美國分得最多，為22.94億，佔總額的24.63%。這種分配方法使急需資金的發展中國家分得最少，而發達國家則分得大部分。發展中國家對此非常不滿，一直要求改變這種不公正的分配方法，要求把特別提款權與援助聯繫起來，並要求增加它們在基金組織中的份額，以便可多分得一些特別提款權。

特別提款權的用途是：參加國分得特別提款權以後，即列為本國儲備資產，如果發生國際收支逆差即可動用。使用特別提款權時需通過國際貨幣基金組織，由它指定一個參加國接受特別提款權，並提供可自由使用的貨幣，主要是美元、歐元、日元和英鎊。還可以直接用特別提款權償付國際貨幣基金組織的貸款和支付利息費用；參加國之間只要雙方同意，也可直接使用特別提款權提供和償還貸款，進行贈予，以及用於遠期交易和借款擔保等各項金融業務。

特別提款權的利息開始時較低，1970年間僅為1.5%，

1974 年 6 月起提高到 5%。以後，特別提款權利率的計算方
法，大致是根據美、德、日、英、法 5 國金融市場短期利率
加權平均計算而得，每季度調整一次。

特別提款權創立初期，它的價值由含金量決定，當時規
定 35 特別提款權單位等於 1 盎司黃金，即與美元等值。1971
年 12 月 18 日，美元第一次貶值，而特別提款權的含金量未
動，因此 1 個特別提款權就上升為 1.08571 美元。

1973 年 2 月 12 日美元第二次貶值，特別提款權含金量
仍未變化，1 個特別提款權再上升為 1.20635 美元。1973 年
西方主要國家的貨幣紛紛與美元脫鉤，實行浮動匯率以後，
匯價不斷發生變化，而特別提款權同美元的比價仍固定在每
單位等於 1.20635 美元的水準上，特別提款權對其他貨幣的
比價，都是按美元對其他貨幣的匯率來套算的，特別提款權
完全失去了獨立性，引起許多國家不滿。20 國委員會主張用
一籃子貨幣作為特別提款權的定值標準。

1974 年 7 月，基金組織正式宣佈特別提款權與黃金脫
鉤，改用"一籃子"16 種貨幣作為定值標準。這 16 種貨幣包
括截至 1972 年的前 5 年中在世界商品和勞務出口總額中佔
1%以上的成員國的貨幣。除美元外，還有聯邦德國馬克、日
元、英鎊、法國法郎、加拿大元、義大利里拉、荷蘭盾、比
利時法郎、瑞典克朗、澳大利亞元、挪威克郎、丹麥克郎、
西班牙比塞塔、南非蘭特以及奧地利先令。每天依照外匯行
市變化，公佈特別提款權的牌價。

1976 年 7 月基金組織對"一籃子"中的貨幣作了調整，
去掉丹麥克郎和南非蘭特，代之以沙烏地阿拉伯裏亞爾和伊

朗裏亞爾，對"一籃子"中的貨幣所佔比重也作了適當調整。
為了簡化特別提款權的定值方法，增強特別提款權的吸引
力。

　　1980 年 9 月 18 日，基金組織又宣佈將組成"一籃子"的
貨幣，簡化為 5 種西方國家貨幣，即美元、聯邦德國馬克、
日元、法國法郎和英鎊，它們在特別提款權中所佔比重分別
為 42%、19%、13%、13%、13%。1987 年，貨幣籃子中 5
種貨幣權數依次調整為 42%、19%、15%、12%、12%

註五十四：Article 17 Basis of liability ..

　　3. The carrier is also relieved of all or part of its liability
pursuant to paragraph 1 of this article if, alternatively to
proving the absence of fault as provided in paragraph 2 of this
article, it proves that one or more of the following events or
circumstances caused or contributed to the loss, damage, or
delay:

　　(a) Act of God;

　　(b) Perils, dangers, and accidents of the sea or other
navigable waters;

　　(c) War, hostilities, armed conflict, piracy, terrorism, riots,
and civil commotions;

　　(d) Quarantine restrictions; interference by or impediments
created by governments, public authorities, rulers, or people
including detention, arrest, or seizure not attributable to the
carrier or any person referred to in article 18;

　　(e) Strikes, lockouts, stoppages, or restraints of labour;

(f) Fire on the ship;

(g) Latent defects not discoverable by due diligence;

(h) Act or omission of the shipper, the documentary shipper, the controlling party, or any other person for whose acts the shipper or the documentary shipper is liable pursuant to article 33 or 34;

(i) Loading, handling, stowing, or unloading of the goods performed pursuant to an agreement in accordance with article 13, paragraph 2, unless the carrier or a performing party performs such activity on behalf of the shipper, the documentary shipper or the consignee;

(j) Wastage in bulk or weight or any other loss or damage arising from inherent defect, quality, or vice of the goods;

(k) Insufficiency or defective condition of packing or marking not performed by or on behalf of the carrier;

(l) Saving or attempting to save life at sea;

(m) Reasonable measures to save or attempt to save property at sea;

(n) Reasonable measures to avoid or attempt to avoid damage to the environment; or

(o) Acts of the carrier in pursuance of the powers conferred by articles 15 and 16.

註五十五：Article 24 Deviation

When pursuant to applicable law a deviation constitutes a breach of the carrier's obligations, such deviation of itself shall not deprive the carrier or a maritime performing party of any defence or limitation of this Convention, except to the extent provided in article 61.

註五十六：Article 25 Deck cargo on ships

1. Goods may be carried on the deck of a ship only if:

(a) Such carriage is required by law;

(b) They are carried in or on containers or vehicles that are fit for deck carriage, and the decks are specially fitted to carry such containers or vehicles; or

(c) The carriage on deck is in accordance with the contract of carriage, or the customs, usages or practices of the trade in question.

註五十七：Article 81 Special rules for live animals and certain other goods

Notwithstanding article 79 and without prejudice to article 80, the contract of carriage may exclude or limit the obligations or the liability of both the carrier and a maritime performing party if:

(a) The goods are live animals, but any such exclusion or limitation will not be effective if the claimant proves that the loss of or damage to the goods, or delay in delivery, resulted from an act or omission of the carrier or of a person referred to in article 18, done with the intent to cause such loss of or damage to the goods or such loss due to delay or done recklessly and with knowledge that such loss or damage or such loss due to delay would probably result; or

(b) The character or condition of the goods or the circumstances and terms and conditions under which the carriage is to be performed are such as reasonably to justify a special agreement, provided that such contract of carriage is not related to ordinary commercial shipments made in the ordinary course of trade and that no negotiable transport document or negotiable electronic transport record is issued for the carriage of the goods.

註五十八：第七十九條規定：一般規定

1. 除非本公約另有規定，運輸合同中的條款，凡有下列情形之一的，一概無效：

(a) 直接或者間接，排除或者限制承運人或者海運履約方在本公約下所承擔的義務；

(b) 直接或者間接，排除或者限制承運人或者海運履約方對違反本公約下的義務所負的賠償責任；或者

(c) 將貨物的保險利益轉讓給承運人或者第 18 條述及的人。

2. 除非本公約另有規定，運輸合同中的條款，凡有下列情形之一的，一概無效：

(a) 直接或者間接，排除、限制或者增加托運人、收貨人、控制方、持有人或者單證托運人在本公約下所承擔的義務；或者

(b) 直接或者間接，排除、限制或者增加托運人、收貨人、控制方、持有人或者單證托運人對違反本公約下任何義

務所負的賠償責任。

Article 79 General provisions

1. Unless otherwise provided in this Convention, any term in a contract of carriage is void to the extent that it:

(a) Directly or indirectly excludes or limits the obligations of the carrier or a maritime performing party under this Convention;

(b) Directly or indirectly excludes or limits the liability of the carrier or a maritime performing party for breach of an obligation under this Convention; or

(c) Assigns a benefit of insurance of the goods in favour of the carrier or a person referred to in article 18.

2. Unless otherwise provided in this Convention, any term in a contract of carriage is void to the extent that it:

(a) Directly or indirectly excludes, limits or increases the obligations under this Convention of the shipper, consignee, controlling party, holder or documentary shipper; or

(b) Directly or indirectly excludes, limits or increases the liability of the shipper, consignee, controlling party, holder or documentary shipper for breach of any of its obligations under this Convention.

註五十九：第八十條規定：批量合同特別規則

1. 雖有第 79 條的規定，在承運人與托運人之間，本公約所適用的批量合同可以約定增加或者減少本公約中規定的權利、義務和賠償責任。

2. 根據本條第 1 款作出的背離，僅在下列情況下具有約束力：

(a) 批量合同載有一則該批量合同背離本公約的明確聲明；

(b) 批量合同(i)是單獨協商訂立的，或者(ii) 明確指出批量合同中載有背離內容的部分；

(c) 給予了托運人按照符合本公約的條款和條件訂立運輸合同，而不根據本條作出任何背離的機會，且向托運人通知了此種機會；並且

(d) 背離既不是(i)以提及方式從另一檔併入，也不是(i i)包含在不經協商的附合合同中。

3. 承運人的公開運價表和服務表、運輸單證、電子運輸記錄或者類似檔不是本條第 1 款所指的批量合同，但批量合同可以通過提及方式併入此類檔，將其作為合同條款。

4. 本條第 1 款既不適用於第14 條第(a) 項和第(b) 項、第 29 條和第 32 條中規定的權利和義務或者因違反這些規定而產生的賠償責任，也不適用於因第 61 條述及的作為或者不作為而產生的任何賠償責任。

5. 批量合同滿足本條第 2 款要求的，其中背離本公約的條款，須滿足下列條件，方能在承運人與非托運人的其他任何人之間適用：

(a) 該人已收到明確記載該批量合同背離本公約的資訊，且已明確同意受此種背離的約束；並且

(b) 此種同意不單在承運人的公開運價表和服務表、運輸單證或者電子運輸記錄上載明。

　　6. 一方當事人對背離本公約主張利益，負有證明背離本
公約的各項條件已得到滿足的舉證責任。

Article 80 Special rules for volume contracts

1. Notwithstanding article 79, as between the carrier and the shipper, a volume contract to which this Convention applies may provide for greater or lesser rights, obligations and liabilities than those imposed by this Convention.

2. A derogation pursuant to paragraph 1 of this article is binding only when:

(a) The volume contract contains a prominent statement that it derogates from this Convention;

(b) The volume contract is (i) individually negotiated or (ii) prominently specifies the sections of the volume contract containing the derogations;

(c) The shipper is given an opportunity and notice of the opportunity to conclude a contract of carriage on terms and conditions that comply with this Convention without any derogation under this article; and

(d) The derogation is neither (i) incorporated by reference from another document nor (ii) included in a contract of adhesion that is not subject to negotiation.

3. A carrier's public schedule of prices and services, transport document, electronic transport record or similar document is not a volume contract pursuant to paragraph 1 of this article, but a volume contract may incorporate such

documents by reference as terms of the contract.

4. Paragraph 1 of this article does not apply to rights and obligations provided in articles 14, subparagraphs (a) and (b), 29 and 32 or to liability arising from the breach thereof, nor does it apply to any liability arising from an act or omission referred to in article 61.

5. The terms of the volume contract that derogate from this Convention, if the volume contract satisfies the requirements of paragraph 2 of this article, apply between the carrier and any person other than the shipper provided that:

(a) Such person received information that prominently states that the volume contract derogates from this Convention and gave its express consent to be bound by such derogations; and

(b) Such consent is not solely set forth in a carrier's public schedule of prices and services, transport document or electronic transport record.

6. The party claiming the benefit of the derogation bears the burden of proof that the conditions for derogation have been fulfilled.

註六十：第十八條規定：下列人的作為或者不作為違反本公約對承運人規定的義務，承運人應當負賠償責任：

(a) 任何履約方；

(b) 船長或者船員；

(c) 承運人的受雇人或者履約方的受雇人；或者

(d) 履行或者承諾履行運輸合同規定的承運人義務的其他任何人，以該人按照承運人的要求，或者在承運人的監督或者控制下直接或者間接作為為限。

Article 18 Liability of the carrier for other persons

The carrier is liable for the breach of its obligations under this Convention caused by the acts or omissions of:

(a) Any performing party;

(b) The master or crew of the ship;

(c) Employees of the carrier or a performing party; or

(d) Any other person that performs or undertakes to perform any of the carrier's obligations under the contract of carriage, to the extent that the person acts, either directly or indirectly, at the carrier's request or under the carrier's supervision or control.

參考書目（按單元姓名筆劃）

卜學民，〈區塊鏈下證券結算的變革、應用與法律回應〉，
　　《財經法學》，第 3 期，2019 年，P74-76。

尹冠喬，〈區塊鏈技術發展現狀及其潛在問題文獻綜述〉，
　　《時代金融》，2017 年 6 月，P299-301。

王元地、李粒、胡諜，〈區塊鏈研究綜述〉，《中國礦業大
　　學學報（社會科學版）》，2018 年 3 月，P81-82。

王珍珍、陳婷，〈區塊鏈真的可以顛覆世界嗎：內涵、應用
　　場景、改革與挑戰〉，《中國科技論壇》，第 2 期，2018
　　年 2 月，P113-115。

王娟娟、宋寶磊，〈區塊鏈技術在"一帶一路"區域跨境支
　　付領域的應用〉，《當代經濟管理》，第 40 卷第 7 期，
　　2018 年 7 月，P87。

王曉光、殷萌，〈考慮公平關切的航運物流區塊鏈平臺定價
　　策略與契約協調〉，《工業工程》，第 26 卷第 6 期，2023
　　年 12 月，P148-149。

王曉光、殷萌，〈區塊鏈平臺下航運供應鏈的兩階段定價研
　　究〉，《電腦工程與應用》，第 59 卷第 7 期，2023 年 9
　　月，P320-322。

司冰茹、肖江、劉存揚等，〈區塊鏈網路綜述〉，《軟體學

報》，第 35 卷第 2 期，2024 年，P777-778。

任明、湯紅波、斯雪明、遊偉，〈區塊鏈技術在政府部門的
　　應用綜述〉，《電腦科學》，第 45 卷第 2 期，2018 年 2
　　月，P3。

朱建民、付永貴，〈區塊鏈應用研究進展〉，《科技導報》，
　　2017 年第 13 期，P71-72。

朱建明、張沁楠、高　勝，〈區塊鏈關鍵技術及其應用研究
　　進展〉，《太原理工大學學報》，第 51 卷第 3 期，2020
　　年 5 月，P328-329。

何蒲、于戈、張岩峰，〈區塊鏈技術與應用前瞻綜述〉，《電
　　腦科學》，2017 年 4 月，P1-7。

宋俊賢、林安邦、董澤平，〈虛擬貨幣於電子商務之發展及
　　其法律上之衝擊：以比特幣為討論中心〉，《電子商務
　　研究》，第 12 卷第 2 期，2014 年，P243-245。

李素蕙，《國際貨櫃航運業經營管理之研究：以 A 公司為例
　　的個案研究》(臺北：臺灣大學碩士論文，2018 年)，
　　P63-64。

李榮洋、萬月亮、寧煥生，〈元宇宙驅動的新技術及應用〉，
　　《重慶郵電大學學報（自然科學版）》，2023 年 8 月第
　　35 卷第 4 期，P481-482。

周建峰，〈論區塊鏈智慧合約的合同屬性和履約路徑〉，《黑
　　龍江省政法管理幹部學院學報》，第 3 期，2018 年，P65。

周湘錡，《以紮根理論探討臺灣金融業區塊鏈發展之研究》
　　(臺北：臺灣大學碩士論文，2018 年)，頁 16-17。

於博，〈區塊鏈技術創造共用經濟模式新變革〉，《理論探

討》，2017 年 2 月，P103-107。

林小馳、胡葉倩雯，〈關於區塊鏈技術的研究綜述〉，《金融市場研究》，2016 年 2 月，P97-109。

林柏君，〈突破悶經濟之數位新科技：區塊鏈〉，《經濟前瞻》，第 171 期，2017 年 5 月，P41-42。

林婷如、蔡絢麗、張志清，〈定期航運對商業環境改變之因應對策〉，《航運季刊》，第 28 卷第 3 期，2019 年 9 月，P37-40。

林智強，《論金融機構洗錢防制與資訊共享法制：以區塊鏈技術的應用為中心》(臺北：臺灣大學碩士論文，2022 年)，頁 38-39。

林盟翔，〈金融科技運用在信託業務與落實普惠金融之監理探索：以區塊鏈/分散式中心化技術為核心〉，《中正財經法學》，第 26 期，2023 年 1 月，P80-82。

林德力，〈基於大資料的電力行銷管理創新研究〉，《水電科技》，第 6 卷第 7 期，2023 年，P127-128。

邱祈榮、許庭瑋，〈區塊鏈於碳交易制度之應用〉，《中華林學季刊》，第 55 卷第 1 期，2022 年，P13-14。

邵奇峰、金澈清、張召，〈區塊鏈技術：架構及進展〉，《電腦學報》，2017 年 4 月，P1-20。

金雪濤、許志敏，〈區塊鏈與學術評價體系變革：應用場域及可能貢獻〉，《重慶大學學報(社會科學版)》，第 28 卷第 1 期，2022 年，P136-137。

查選、王旭、劉仁平、郭英傑等，〈區塊鏈技術的：致性和容量的研究與發展及在物聯網中的應用〉，《物聯網學

報》，第 1 卷第 1 期，2017 年 6 月，P27。

孫國茂，〈區塊鏈技術的本質特徵及在證券業的應用〉，《上海證券報》，2017 年 8 月，P1。

秦誼，〈區塊鏈衝擊全球金融業〉，《當代金融家》，2016年 2 月，P43-46。

袁勇、王飛躍，〈區塊鏈技術發展現狀與展望〉，《自動化學報》，2016 年 4 月第 42 卷第 4 期，P481-482。

袁園、楊永忠，〈走向元宇宙：一種新型數位經濟的機理與邏輯〉，《深圳大學學報(人文社科版)》，第 39 卷第 1期，2022 年 1 月，P88-90。

馬昂、潘曉、吳雷，〈區塊鏈技術基礎及應用研究綜述〉，《資訊安全研究》，2017 年 11 月，P968-980。

高芳，〈美英兩國區塊鏈發展現狀及對我國的啟示〉，《技術情報工程》，第 3 卷第 2 期，2017 年，P17。

崔志偉，〈區塊鏈金融：創新、風險及其法律規制〉，《東方法學》，第 3 期，2019 年，P94-97。

張健，《區塊鏈》(北京：機械工業出版社，2017)，P32。

張博濂，《比特幣成為貨幣之可行性分析：兼論比特幣的 66次協議更新》(臺北：臺灣大學碩士論文，2022 年)，P20-22。

張銳，〈基於區塊鏈的傳統金融變革與創新(下)〉，《求知》，2016 年 10 月，P18-23。

張寶坤，〈區塊鏈技術的應用價值分析〉，《數碼世界》，第 4 期，2018 年，P543。

梅海濤、劉潔，〈區塊鏈的產業現狀、存在問題和政策建議〉，

《電信科學》，2016 年 11 月，P134-138。

章峰、史博軒、蔣文保，〈區塊鏈關鍵技術及應用研究〉，《網路與資訊安全學報》，第 4 卷第 4 期，2018 年 2 月，P23-25。

郭菊娥、陳辰,〈區塊鏈技術驅動供應鏈金融發展創新研究〉，《西安交通大學學報(社會科學版)》，第 40 卷第 3 期，2020 年，P46-48。

陳兵，〈數字經濟發展對市場監管的挑戰與應對：以「與資料相關行為」為核心的討論〉，《東北大學學報(社會科學版)》，第 21 卷第 4 期，2019 年，P390-391。

陳龍強，〈區塊鏈技術：數位化時代的戰略選擇〉，《中國戰略新興產業》，2016 年 6 月，P56-58。

楊孟輝、杜小勇,〈政府大資料治理：政府管理的新形態〉，《大資料》，第 6 卷第 2 期，2020 年，P6-8。

董甯、朱軒彤,〈區塊鏈技術演進及產業應用展望〉，《資訊安全研究》，第 3 卷第 3 期,2017 年 3 月,P201-203。

董慧、張成岩、嚴斌峰,〈區塊鏈技術應用研究與展望〉，《互聯網天地》，2016 年 11 月，P14-19。

鄒均、張海寧,《區塊鏈技術指南》(北京：機械工業出版社，2016)，P26。

熊健坤，〈區塊鏈技術的興起與治理新革命〉，《哈爾濱工業大學學報(社會科學版) 》，第 20 卷第 5 期，2018 年 9 月，P15-17。

鄢章華、劉蕾、李倩,〈區塊鏈體系下平行社會的協同演化〉，《中國科技論壇》，第 6 期，2018 年 6 月，P56。

劉明達、陳左寧、拾以娟等,〈區塊鏈在資料安全領域的研究進展〉,《計算機學報》,第 44 卷第 1 期,2021 年 1 月,P13-15。

劉海英,〈"大資料+區塊鏈"共用經濟發展研究:S 基於產業融合理論〉,《技術經濟與管理研究》,2018 年 1 期,P93。

蔡佳勳,《虛擬貨幣之洗錢防制與打擊資恐》(臺北:臺灣大學碩士論文,2018 年),P13-14。

蔡孟峰、黃駿朋、王銘陽,〈基於區塊鏈之去中心化知識協作平台〉,《2018 臺灣網際網路研討會》,臺北:2018 年 10 月 24 日-26 日,P1919。

蔡振華、林嘉韻、劉芳,〈區塊鏈存儲:技術與挑戰〉,《網路與資訊安全學報》,第 6 卷第 5 期,2020 年,P16-128。

蔡絢麗、林婷如、張志清,〈創新科技在航運及港埠經營上之應用〉,《航運季刊》,第 28 卷第 2 期,2019 年 6 月,P77-79。

蔡維德、郁蓮、王榮等,〈基於區塊鏈的應用系統開發方法研究〉,《軟體學報》,第 28 卷第 6 期,2017 年,P1476-1477。

蔡曉晴、鄧堯、張亮等,〈區塊鏈原理及其核心技術〉,《計算機學報》,2021 年 1 月,第 44 卷第 1 期,P.85-86。

穆啟國,〈區塊鏈技術調研報告之一:具有顛覆所有行業的可能性:區塊鏈技術解析和應用場景暢想〉,《川財研究》,2016 年 6 月,P23-40。

諶麒豔,〈區塊鏈:金融業即將面臨的:場革命?〉,《銀行

家》，2016 年 7 月，P14-16。

錢衛甯、邵奇峰、朱燕超、金澈清、周傲英，〈區塊鏈與可信資料管理：問題與方法〉，《軟體學報》，第 29 卷第 1 期，2018 年 1 月，P153。

韓秋明、王革，〈區塊鏈技術國外研究述評〉，《科技進步與對策》，第 35 卷第 2 期，2018 年 1 月，P156。

顏擁、趙俊華、文福拴，〈能源系統中的區塊鏈：概念、應用與展望〉，《電力建設》，2017 年 2 月，P12-20。

一、專　書

王正毅著，2000。《世界體系論與中國》。北京：商務印書館。

王玉民著，1994。《社會科學研究方法原理》。臺北：紅葉出版。

王家英、杏儀著，2000。《兩岸三通對香港經濟的影響》。香港：香港海峽兩岸關　係研究中心。

包宗和、吳玉山，2009。《重新檢視爭辯中的兩岸關係理論》。臺北：五南圖書。

包宗和等編著，1999。《爭辯中的兩岸關係理論》。臺北：五南圖書。

石之瑜，1997。《創意的兩岸關係》。臺北：揚智文化。

朱光磊，2004。《中國政府與政治》。新北市：揚智文化。

吳玉山，1997。《抗衡與扈從—兩岸關係新詮》。臺北：正

中書局。

肖林，2015。《國家試驗：中國(上海)自由貿易試驗區制度設計》。上海：格致出版。

林文程，2000。《中共談判的理論與實務：兼論台海兩岸談判》。高雄：麗文文化。

林水波，1999。《公共政策論衡》。臺北：智勝文化。

林克倫等著，2002。《兩岸三通之政經評估》。臺北：中華歐亞基金會。

林美霞，1994。《未來兩岸可能直航之港航問題研究》。臺北：交通部運輸研究所。

張維迎，2002。《博弈論與訊息經濟學》。上海市：上海人民。

張維迎著，劉魯俊編校，1999。《賽局理論與資訊經濟學》。臺北：茂昌圖書。

清水武治，譯者謝育容，2010。《賽局理論圖解》。臺北：商周出版。

紹志芳，2006。《認知心理學：理論、實驗和應用》。上海市：上海教育。

陶蔚蓮、李九領合著，2013。《中國(上海)自由貿易試驗區建設與海關監管制度創　新》。上海：上海人民。

喬治‧科爾瑞瑟（George Kohlrieser）著，李紹廷譯，2007。《談判桌上的藝術》。臺北：商周出版。

費雪 Len Fisher 著，林俊宏譯，2009。《剪刀、石頭、布：生活中的賽局理論》。臺北：天下文化。

黃嘉樹、劉杰，2003。《兩岸談判研究》。北京市：九州出

版。

葉柏廷，1996。《決戰談判桌：談判、策略與遊戲理論》。
　　臺北：遠流出版。

劉必榮著，2008。《國際觀的第一本書：看世界的方法》臺
　　北：先覺出版社。Kreps,David M.著，鄧方譯，2006。
　　《賽局理論與經濟模型》。臺北：五南圖書。

錢震杰、胡岩合著，2015。《比較視野下自由貿易區的運行
　　機制與法律規範》。北京：清華大學。

鍾從定，2008。《國際談判學：結構、過程、策略、結果與
　　文化》。臺北：鼎茂圖書。

彭銘淵，航運行政事務法制管理體系架構之解析與評論，五
　　南圖書出版公司，初版（2008）。

梁宇賢，海商法精義，作者自版，修訂版（2008）。

賴來焜，最新海商法論，元照出版有限公司，初版第二刷
　　（2008）。

吳光平，海商法與海事國際私法研究，臺灣財產法暨經濟法
　　研究協會，初版（2007）。

張新平，海商法，五南圖書出版公司，第二版四刷（2007）。

劉宗榮，新海商法，三民書局，初版（2007）。

柯澤東，海商法：新世紀幾何觀海商法學，元照出版公司，
　　初版第一刷（2006）。

楊思莉，海商暨保險學術研討會論文集，輔仁大學，初版
　　（2006）。

邱錦添、王肖卿，海上貨物索賠之理論與實務，文史哲出版
　　社，初版（2005）。

林群弼，海商法論，三民書局，修訂二版（2004）。

孫森焱，民法債編總論，三民書局，修訂版，P606-609（2004）。

王澤鑑，侵權行為法（一），三民書局，初版，P88-89（2003）。

柯澤東，最新海商法－貨物運送責任篇，元照出版，初版（2001）。

王肖卿，載貨證券，五南圖書出版公司，四版一刷（2001）。

柯澤東，海商法修訂新論，元照出版公司，初版（2000）。

楊仁壽，海牙威士比規則，自版印行，初版（2000）。

楊仁壽，最新海商法論，作者自版，初版（1999）。

楊仁壽，載貨證券，作者自印，第二版（1998）。

張特生，海商法實務問題專論，五南圖書出版公司，初版（1998）。

楊仁壽，海商法修正評釋，作者自版，初版（1997）。

張新平，海商法專題研究，月旦出版社股份有限公司，初版（1995）。

柯澤東，海商法論，作者自版，第二版第二刷（1994）。

施智謀，海商法專題研究，三民書局，初版（1992）。

楊仁壽，海上貨物索賠，作者自印，初版（1987）

張天欽，海上貨物運送法修正專論，航貿圖書出版社，初版（1986）。

二、期刊論文

王百合，2003/1。〈自由貿易港區的設置與影響〉，《台肥月刊》，第 44 卷第 1 期，P27-36。

石之瑜，2003/3。〈政治科學中形式理論的運用與瓶頸：從賽局理論談起〉，《東吳政治學報》，第 17 期，P4-26。

吳黎靜，2015/7。〈福建自由貿易試驗區與臺灣自由經濟示範區對接的法律問題研究〉，《海峽法學》，第 3 期，P7-19。

呂錦山，2004/3。〈臺灣發展自由貿易港區之建議〉，《船舶與海運通訊》，第 3 期，P8-18。

李樑堅、陳昭宏、黃茂祥，2006/12。〈自由貿易港區設立對提昇高雄港競爭力之影響〉，《公共事務評論》，第 7 卷第 2 期，P21-42。

李樑堅、陳雅琳，2014/7。〈臺灣的銀行業進入中國大陸市場的發展策略與合作機制〉，《臺灣銀行季刊》，第 60 卷第 3 期，P23-42。

周宏彥、呂錦隆，2006/3。〈自由貿易港區組織變革之探討〉，《航運季刊》，第 15 卷第 1 期，P58-72。

林子堯，2012/8。〈ECFA 簽署後臺灣航空自由貿易港區之解析與發展策略〉，《船舶與海運通訊》，第 104 期，P2-6。

林玲煥，2014/6。〈由公共政策觀點探討我國自由貿易港區

之政策〉，《港灣季刊》，第 98 期，P29-42。

夏善晨，2013/7。〈中國（上海）自由貿易區：理念與功能定位〉，《研究與探討》，第 7 期，P11-17。

袁鶴齡、沈燦宏，2014/10。〈動態的臺海兩岸談判：雙層賽局與認知因素究〉，《東吳政治學報》，第 32 卷第 3 期，P163-198。

陳立虎，2014/10。〈自由貿易試驗區的特點和立法問題〉，《法治研究》，第 10 期，P15-18。

陳春益，2005/9。〈港埠發展與自由貿易港區〉，《船舶與海運通訊》，第 21 期，P2-14。

楊鈺池，2009/6。〈自由貿易港區背後腹地開發成功評量要因之分析：以模糊多準則決策法之應用〉，《運輸計劃季刊》，第 38 卷第 2 期，P112-138。

葉美春、阮明淑，2007/6、12。〈使用者採用知識管理系統之影響因素研究-理論模型的比較取向〉，《圖書資訊學刊》，第 5 卷第 1/2 期，P62-84。

賈紫軒，2014/2。〈上海自由貿易試驗區成立對法律適用的影響〉，《楚天法治》，第 112 期，P139-156。

魯炳炎，2003/4。《我國工業專用港轉型改制為工商綜合港之公共政策觀點》，《政治科學論叢》，第 19 期，P255-296。

魯炳炎，2003/7。〈政策網路與政策合法化:以我國自由貿易港區政策為例〉，《經　社法制論叢》，第 32 卷第 161 期，P209。

韓永紅，2015/8。〈國外主要自由貿易園區及其法律規制：

評析與啟示〉,《政法學刊》,第 32 卷第 4 期,P33-56。

魏德紅,2013/8。〈保稅港區與自由貿易港區的依法合作-基於 ECFA 時代〉,《中共山西省委黨校學報》,第 36 卷第 4 期,P80-98。

羅凱、東朝暉,2012/11。〈福州保稅港區(籌)與臺灣自由貿易港區業務對接研究〉,《中國大陸港口》,第 11 期,P38-62。

王肖卿,海牙威士比、漢堡規則及鹿特丹規則之比較分析,2010。

黃正宗,我國海商法評論-以「2008 鹿特丹規則」及其他相關國際公約為中心討論我國海商法之適用與海上貨物公共運送法律規範[Commentary on the ROC Maritime Law],稻江科技暨管理學院財經法律學系 2009-2009 學術論文集,2009。

黃正宗,二〇〇八年聯合國全程或部分海上國際貨物運送契約公約(鹿特丹規則 The Rotterdam Rules)研究:以我國海商法未來因應本公約可能之趨勢發展研究為中心,2009 數位科技與公共事務發展學術研討會,2009。

童裕民、鄭孟涵,兩岸海上貨物運送責任與鹿特丹規則新規範之影響,台商張老師月刊,第 130 期(2009)

楊仁壽,聯合國統一運送法公約之成立(http:www.shippingdigest.com.tw/news/9821A1.htm),2009。

饒瑞正,海上貨物運送人單位限責權之失卻:Breaking the Package Limit:簡評最高法院五九年台上字第一一六四號判決,臺灣本土法學雜誌,第九十期(2007)。

康復明，多式聯運國際新趨勢與海峽兩岸適用，法官協會雜
　　誌，第八卷第一期（2006）。

黃裕凱，海上貨物運送「一年起訴時效」之性質及「時效延
　　長」之效力，月旦民商法雜誌，第十期（2005）。

黃裕凱，論「喜馬拉雅條款」及「次契約條款」，輔仁法學，
　　第二十八卷（2004）。

林一山，運送人之確定以及貨櫃場位於基隆港區外所產生之
　　法律問題－評臺北地方法院八十九年度海商字第三一號
　　判決，月旦法學雜誌，第一一○期（2004）。

張新平，海商法學習上的訣竅，月旦法學教室，第二十五
　　期（2004）。

饒瑞正，我國多式聯運法制之研究與建議，月旦法學雜誌，
　　第八十三期（2002）。

柯澤東，新海商法溯源－實體統一國際公約對我國海商法修
　　正之影響，月旦法學雜誌，第六十期（2000）。

張新平，海商法的現在與未來：由一讀通過之海商法修正草
　　案探討海運實務新趨勢，政大法學評論，第五十七期
　　（1997）。

王敏華、鍾政棋，海上貨物運送人履行輔助人之責任及義務
　　－論海商法第七十六條之規定，航運季刊，第十一卷第
　　三期（1992）。

楊仁壽，論海牙規則對我國海商法之影響，法令月刊，第三
　　五卷第六期（1984）。

三、學位論文

吳世錡，2005。《加工出口區推動自由貿易港區對促進廠商投資意願研究》。高雄：國立中山大學社會科學院公共政策碩士論文。

吳欣瑩，2004。《臺灣自由貿易港區設立對國際物流中心發展策略影響之研究》。基隆：國立臺灣海洋大學商船學系碩士論文。

張天明，2005。《我國自由貿易港區發展現況及改善策略之研究》。高雄：國立中山大學公事務管理研究所碩士論文。

張書憲，2007。《全球化下臺灣科學園區產業潛力對國家經濟發展影響之研究》。高雄：國立中山大學社會科學院公共政策碩士論文。

郭葵蘭，2004。《我國自由貿易港區制度之研究》。臺南：長榮大學經營管理研究所碩士論文。

陳錫霖，2003。《兩岸現狀與 WTO 架構下之高雄港競爭與發展策略-發展高雄自由貿易港區》。高雄：國立中山大學公公事務管理研究所碩士論文。

黃茂祥，2004。《設置自由貿易港區對港埠競爭力影響之研究：以高雄港為例》。高雄：義守大學管理研究所碩士論文。

黃國田，2006。《海峽兩岸保稅制度之比較研究》。高雄：國立中山大學大陸研究所碩士論文。

黃嘉民，2003。《全球化經濟時代高雄港區發展策略之研究》。臺南：國立成功大學都市計劃研究所碩士論文。

楊清喬，2003。《廠商在自由貿易港區投資之影響因素研究》。臺南：國立成功大學交通管理科學研究所碩士論文。

葉永唐，2006。《我國自由貿易港區海關關務制度之研究》。臺中：逢甲大學公共政策研究所碩士論文。

潘曉儀，2005。《臺灣成立自由貿易港區對提升產業競爭力之研究》。彰化：大葉大學事業經營研究所碩士論文。

蔡旺詮，2007。《自由貿易港區發展研究-安平港及工業區案例探討》。臺南：立德管理學院地區發展管理研究所碩士論文。

廖尉佐，國際多式聯運之認定及其賠償責任研究，臺灣海洋大學海洋法律研究所碩士論文（2009）。

簡泰宇，國際貨物運送法制之過去與未來（聯合國國際新運送法公約）：以責任制度為中心，臺北大學法律研究所碩士論文（2009）。

賴奎翰，UNCITRAL 海上貨物運送人責任之新制度，海洋大學海洋法律研究所碩士論文（2009）。

鄭世瑋，多式運送之結構與特徵 —— 以新聯合國海上貨物運送公約草案為中心，臺灣海學海洋法律研究所（2008）。

王瀞珮，以載貨證券為中心之海上貨物索賠研究，海洋大學海洋法律研究所碩士論文（2008）。

莊建平，「UNCITRAL 全部或一部為海運之國際貨物運送公約草案之研究」，政治大學法律研究所碩士論文（2007）。

王世豪，兩岸海上貨損理賠與保險公證之研究，海洋大學海
　　洋法律研究所碩士論文（2007）。

伍泰安，海上貨物運送人之強制責任期間之研究，臺灣海洋
　　大學海洋法律研究所碩士論文（2006）。